AF310142

Essai Pratique

SUR LES

CHEMINS VICINAUX.

PARIS, IMPRIMERIE DE PAUL DUPONT ET Cie,
Rue de Grenelle-St-Honoré, 55.

Essai Pratique

SUR LES

CHEMINS VICINAUX,

D'APRÈS

L'EXPÉRIENCE FAITE DANS LA CHARENTE,

PAR

M. F. LARREGUY,

PRÉFET DU DÉPARTEMENT.

———◦———

PARIS,

IMPRIMERIE ET LIBRAIRIE NORMALE

DE PAUL DUPONT ET Cⁱᵉ,

Rue de Grenelle-Saint-Honoré, Nᵒ 55,

HÔTEL DES FERMES.

——

1836.

AVANT-PROPOS.

30 JANVIER 1836.

Au milieu des divergences et des doutes qui se sont tout à coup manifestés à l'occasion de la loi sur les chemins vicinaux, et que n'ont pas peu contribué à soulever cette multitude d'amendemens qui l'ont assaillie, non compris les contre-projets, une idée est restée immuable, impérieuse, c'est qu'il y a quelque chose à faire, cependant, pour satisfaire aux besoins du pays universellement exprimés par les conseils-généraux.

Dans cet état des esprits, il m'a semblé qu'une loi de principe, en six ou sept articles, si elle était suffisante et possible, entraînerait tous les suffrages.

a

Les convictions profondes que l'étude et l'expérience m'ont données sur cette matière m'entraînent à oser encore, sous ce point de vue, offrir mon tribut au Gouvernement du roi et à la Chambre.

Dans l'exposé qu'on va lire se trouvent le premier projet de loi que j'avais soumis à la commission de la Chambre des députés en 1834, et le dernier projet du Gouvernement sur lequel la Chambre avait été appelée à délibérer dès l'ouverture de la session actuelle. Évidemment, ce projet avait profité de toutes les propositions antérieures. M. le ministre de l'intérieur y avait essentiellement déposé l'excellent principe d'après lequel, seulement, il sera possible de procéder avec quelque activité à l'importante amélioration de nos voies vicinales. Mais la Chambre a, sans doute, pensé qu'une loi aussi développée soulèverait trop de questions, donnerait matière en conséquence à trop d'amendemens et de dissidences pour que cette session pût enfin doter la France d'une loi si impatiemment attendue.

Pourquoi ne pas s'attacher alors à quelques dispositions de principe qui rendraient toute entreprise sage possible, qui laisseraient l'exécution aux dispositions réglementaires de l'administration supérieure, et conserveraient, de la législation existante, tout ce qui peut être utile et mis à part d'une discussion ?

Il suffit, en effet, de faire prononcer la loi sur trois ou quatre questions non résolues ou mal résolues par la législation actuelle, et devant lesquelles la plupart des essais tentés ont été sans succès, pour armer l'administration tout entière de quelques moyens d'action, dont un concours heureux de circonstances a seul permis à quelques administrateurs de faire usage.

Qui empêche, d'ailleurs, de laisser à la législation actuelle tout ce qu'elle a de bon et de douteux, pour les chemins communaux en général, sauf à en revoir et discuter les dispositions à l'occasion des attributions municipales et de se renfermer, par la loi à faire, dans les dispositions essentiellement applicables à ceux des chemins communaux qui, tout en conservant ce caractère, pourraient être qualifiés de vicinaux de première et seconde classe, et obtenir, à ce titre, un traitement spécial ?

C'est même le cas, si l'on veut, de faire entrer dans la vie administrative les conseils d'arrondissement auxquels de bons esprits regrettent fort qu'on n'ait donné qu'une existence passive.

Mais il y a à se prononcer :

1° Sur la nécessité de soustraire certains chemins communaux à la gestion et aux soins exclusifs des communes, et de faire intervenir le conseil d'arrondissement et les conseils-généraux pour en faire le choix et en déterminer la direction et le tracé ;

2° Sur la partie contributive que l'arrondissement ou le département, ou l'un et l'autre, pourront appliquer à ces chemins, et sur celle que devra fournir la commune ;

3° Sur un moyen simple, équitable et constitutionnel, d'obtenir le terrain nécessaire pour l'élargissement et même quelquefois pour un changement d'assiette du chemin, quand il arrivera (ce qui sera certainement très rare) que l'intérêt, l'influence, l'exemple, l'ascendant de la commune ; des particuliers, des conseils arrondissementaux et départementaux, n'obtiendront pas des cessions gratuites ;

4° Sur la dimension, par conséquent, de ces chemins qui, par des motifs énoncés précédemment, doit être nécessairement exprimée dans la loi ;

5° Sur la faculté d'employer des ingénieurs et des agens-voyers autorisés à verbaliser pour la direction, la surveillance des travaux exécutés sur lesdits chemins, et pour en assurer l'entretien et la conservation ;

6° Sur la faculté de laisser proposer par chaque préfet, à l'approbation du ministre de l'intérieur, un règlement d'administration publique destiné à faciliter l'application de la loi dans chaque département, et à y rendre obligatoires les mesures de police et de voirie propres à garantir la conservation et l'entretien desdits chemins.

La loi étant ainsi spéciale pour ces chemins, on aperçoit que les charges départementales et communales qui peuvent en résulter, ne sont d'une importance digne d'attention que lorsqu'il s'agira d'opérer les terrassemens et de construire les chaussées, et qu'elles sont par conséquent temporaires et circonscrites. —Cette importance même, d'ailleurs, en limitera nécessairement le poids, puisque les arrondissemens et le département resteront les maîtres d'user de la faculté, et de n'en user qu'avec mesure, et que leur autorité représentative à cet égard ne cédera certainement qu'au vœu pressant des populations.

Sous ce point de vue, en effet, il y avait à examiner si l'arrondissement et le département ne devaient pas être contraints à s'imposer.— Je ne l'ai pas pensé.

L'intérêt général qui n'est presque pas, ou pas du tout, ressenti quelquefois par la com-

mune, l'est toujours assez par l'arrondissement et le département où siégent d'ailleurs
les hommes éclairés de la contrée. Il suffira
de l'impulsion donnée par quelques départe-
temens pour stimuler les autres.—La commune peut tarder encore long-temps à reconnaître la position inférieure dans laquelle elle
se trouve placée relativement à une autre
commune, quant aux communications; mais
il n'en peut être ainsi des départemens.

Quant aux moyens de crédit, les seuls
vraiment efficaces pour arriver à d'utiles et
prompts résultats en matière de route, je suis
d'avis de les laisser dans le droit commun, tel
qu'il est réglé par la législation existante. C'est
l'ordonnance ou la loi qui doivent en décider,
selon les cas, l'importance.

La question des prestations en nature n'est
pas non plus abordée par mon projet. Elle
pourra être plus convenablement résolue à
l'occasion des attributions municipales, et, en
attendant, les communes restent libres de
s'en servir sur les chemins vicinaux où elles
pourraient n'être applicables cependant qu'à
la *tâche* si le réglement d'administration publique le stipulait.—On verra, en effet, que
tout en soumettant la commune dans certains
cas, et alors seulement que le département et

l'arrondissement lui tendent la main , à une charge spéciale, limitée par la loi néanmoins, et réduite à une équitable proportion , par le réglement des préfets en conseil de préfecture, le projet laisse à la commune la faculté de disposer, comme elle l'entendra , de toutes les ressources que lui accorde la législation actuelle.

Tout ce que la centralisation peut avoir d'utile enfin dans ces sortes d'entreprises me semble convenablement réservé.

Voici, du reste, le projet qui me paraît déjà suffisamment expliqué.

PROJET.

Art. 1ᵉʳ.

Tous les chemins publics qui ne seraient pas classés comme routes royales ou départementales sont des chemins communaux et sont susceptibles d'être classés, en outre, comme chemins vicinaux de première et de seconde classe.

Art. 2.

Les chemins vicinaux de première classe sont exécutés et entretenus par les communes avec le secours du département ; et ceux de seconde classe, par les communes avec le secours de l'arrondissement.

Les premiers sont classés, leur direction arrêtée, leur tracé approuvé par le préfet, sur l'avis du conseil-général et avec l'approbation du ministre de l'intérieur.

Les seconds, par le sous-préfet, sur l'avis du conseil d'arrondissement et avec l'approbation du préfet.

Les ressources applicables par les lois en vigueur à l'entretien et à la réparation des chemins communaux en général, continueront à leur être affectées.

Art. 3.

Les chemins vicinaux de première classe auront quatre mètres de chaussée, et ceux de seconde classe, trois mètres.

Les deux accotemens réunis auront la même largeur que la chaussée, et chaque fossé une largeur égale à la moitié d'un accotement.

Le terrain nécessaire pour l'élargissement ou l'assiette du chemin, s'il n'est cédé gratuitement par les particuliers, pourra être occupé par l'administration au nom de la commune, moyennant une indemnité préalable équivalant à l'évaluation cadastrale et déposée, au besoin, chez le receveur municipal.

Si le cadastre n'avait pas été exécuté sur ce point, il y serait suppléé par une expertise ordonnée par le préfet dans les mêmes formes que pour les opérations cadastrales, et par un réglement de l'indemnité arrêtée par lui, sur ladite expertise, en conseil de préfecture.

Art. 4.

Les conseils d'arrondissement pourront s'imposer trois centimes extraordinaires, et les conseils-généraux quatre centimes annuels sur le total des quatre contributions directes, dans le but d'aider les communes à l'exécution des chemins vicinaux de première et de seconde classe.

Dans le cas seulement où ce secours sera voté, le préfet pourra porter d'office au budget communal, qui suivra le vote des conseils, jusqu'à cinq centimes communaux sur les mêmes contributions, suivant le réglement qui aura été fait par lui en conseil de pré-

fecture , de la part contributive de chaque commune
intéressée à l'exécution des susdits chemins vicinaux.

Art. 5.

Les communes et les particuliers devront présenter
chaque année , avant la réunion des conseils départementaux , au préfet du département, les délibérations
ou souscriptions en vertu desquelles elles désireraient
provoquer le secours de l'arrondissement ou du département pour le classement et l'exécution du chemin
vicinal.

Art. 6.

Des ingénieurs-voyers et gardes-voyers dont les trai-
temens seront prélevés sur le fonds commun du département et des arrondissemens , et ayant faculté de
dresser des procès-verbaux pour toutes les contraventions commises sur les chemins vicinaux et purement
communaux , pourront être préposés à la direction
et à la surveillance des travaux exécutés sur les chemins communaux de toutes les classes.

Art. 7.

Il pourra être pourvu , par des réglemens d'administration publique , à toutes les dispositions susceptibles de faciliter l'application de la présente loi dans
chaque département, sans exception de celles de police et de grande voirie qu'il pourrait être utile de
rendre également applicables aux chemins vicinaux.

PREMIÈRE PARTIE.

CONSIDÉRATIONS PRÉLIMINAIRES ET FAITS ANTÉRIEURS.

C'est donc un des plus grands bienfaits dont notre pays puisse être favorisé qu'un bon système de vicinalité?

Il y aurait donc un grand honneur à avoir coopéré à un code d'exécution et d'entretien pour ces importantes communications?

Je vois en effet de tous les côtés des députés, des maîtres de requêtes, des chefs de division, de simples citoyens, prétendre à cet honneur et publier à un très-grand nombre d'exemplaires les titres qu'ils ont acquis à cette renommée. On me presse enfin de donner une grande publicité à mes travaux.

J'avais bien entrevu aussi qu'il y avait là une pensée féconde de bien public, et en conséquence, dès la fin de 1831, j'avais imaginé de faire mieux encore, c'est-à-dire d'entreprendre d'exécuter les premiers travaux d'un bon système de vicinalité, même avec la législation existante, et de faire sortir de mon essai pratique l'exemple et la théorie.

Si, dans leur position, tant d'autres en effet ne pouvaient qu'écrire, je dus remarquer que, dans la mienne, il fallait appliquer d'abord, et écrire après.

Mais si le moment d'écrire est venu ,

Les considérations et les faits préliminaires qui vont suivre;

Les faits accomplis et le projet de loi que je crus devoir soumettre à la commission de la chambre des députés en février 1834;

Toute la partie du rapport relative à l'emprunt et aux travaux de grande vicinalité que je viens d'adresser au Conseil-général de la Charente, dans la dernière session :

Tel doit être, ce me semble, le plan naturel de cette publication, puisque je m'y décide.

Tout en cédant à de pressantes sollicitations à ce sujet, je désire du moins ne pas me donner l'air de faire un ouvrage.

Mes idées telles qu'elles me sont venues;

Les faits tels qu'ils se sont succédé;

Mes instructions et mes rapports tels qu'ils se sont suivis , formeront toute la tâche que je m'impose.

J'entre donc en matière à ces conditions.

Je saisis la première occasion qui me fut offerte dans la Charente, dont l'administration m'avait été confiée en juin 1831.

Jusque-là le gouvernement de juillet n'avait exigé de moi que de la politique.

Il avait fallu qu'une révolution libérale s'accomplît à Marseille et dans Vaucluse, sans réaction sanglante , et avec toutes les conditions d'ordre, de légalité, de générosité qui avaient distingué notre révolution de Paris;.... à Marseille et dans Vaucluse!

Il avait fallu surtout qu'une Vendée méridionale

fût étouffée dès son berceau dans ce dernier département, où elle s'était toujours établie dans toutes
nos commotions politiques.

A Marseille et dans Vaucluse, tout s'était bien passé
ainsi, en effet, durant mon administration d'août 1830
à juin 1831, et j'allais administrer enfin avec toute
la confiance et toute l'énergie que je venais de puiser
au sein du premier Conseil-général qui fut réuni dans
Vaucluse après la révolution de juillet, quand je fus appelé dans la Charente.

Là évidemment il fallait commencer par où j'allais
finir dans Vaucluse. Les communications, la vicinalité
du département m'apparurent en première ligne parmi
tous les élémens d'améliorations morales et matérielles
qui puissent être mis en action dans un département essentiellement agricole, très-commercial sur un point cependant, par ses vins et ses eaux-de-vie, très-industriel
sur un autre par ses papeteries, et se composant de
453 communes divisées elle-mêmes en 8 à 9000 villages.

Je mis à profit la loi de circonstance du 6 novembre
1831, qui accordait aux départemens un secours équivalant à la somme qu'ils voteraient eux-mêmes pour
l'appliquer à des travaux d'utilité départementale, et
j'obtins que le Conseil-général votât en effet une
somme de 30000 fr., qui, avec une somme égale accor-
dée par le gouvernement, pourraient être appliqués à
la première classe des routes vicinales signalées
comme base du système tout entier.

Le grand moteur de ce système était le secours de
la grande association en faveur de la petite.

C'est le département que j'appelai à secourir la commune.

Or le secours du gouvernement en faveur du département se trouvait précisément dans la loi du 6 no-

vembre, qui avait eu seulement pour but de procurer du travail dans un moment d'extrême pénurie, degêne et de discrédit.

J'obtins sans peine l'extension du principe , c'est-à-dire le secours du département en faveur de la commune.

C'était la première fois qu'on osait violer la jurisprudence bureaucratique en vertu de laquelle le département et la commune avaient leur budget spécial, en vertu de laquelle, par conséquent, le département ne devait *jamais* participer à une dépense communale, et la commune *vice versa*.

Il fallut pourtant, pour en venir là, faire glisser dans la loi quelques mots élastiques que M. Vatout, qui dès-lors commença à s'occuper utilement de chemins vicinaux , obtint qu'on y plaçât ; et le conseil général de la Charente vint après donner son autorisation à mes projets.

Dès le 26 novembre 1831, une circulaire aux inspecteurs-voyers du département, qui fut insérée au Recueil n° 623 des Actes administratifs de la Charente , et distribuée par conséquent à 500 exemplaires, prescrivit les premiers travaux et fit connaître le développement qu'ils recevraient successivement. Ce recueil fut aussi adressé à diverses divisions du ministère, à tous les chefs de service du département, et échangé enfin avec plusieurs préfets (*voir* ces documens à la fin de l'ouvrage, où ils sont placés par ordre de date).

Le 27 décembre 1831, une autre circulaire, insérée également au Recueil, et un arrêté de la même date, firent l'application à chaque arrondissement, de la portion du fonds commun qui lui revenait sur la somme de 60,000 fr. , et instituèrent les commissions mixtes prises dans le conseil général et dans les conseils d'arrondissement. Ces commissions devaient participer à la

fixation des principales branches du système, en inspecter les travaux, et en contrôler la comptabilité dans
leur arrondissement respectif.

Le 25 janvier 1832, le Recueil des Actes administratifs publia l'instruction détaillée que voici, sur l'exécution matérielle des travaux, instruction que j'ai
dû faire réimprimer à un très-grand nombre d'exemplaires pour satisfaire à toutes les demandes particulières qui m'en ont été faites, et dont les principales dispositions ont été adoptées depuis, où se
trouvent, heureusement pour moi, avoir été également proposées par M. Emery, notre voisin de la Charente-Inférieure, dont les publications en matière de
chemins vicinaux datent de la fin de 1833.

Le 10 juin 1832 enfin, dans mon rapport au conseil
général de la Charente, que j'ai fait également imprimer pour les maires du département, je reproduisis
mon projet et en fis connaître les premiers résultats.

Ce système, fort simple du reste, consistait : « à
« faire exécuter par un certain nombre de communes,
« avec le secours du département et sous la direction
« exclusive et énergique de l'administration, autant de
« communications de grande vicinalité qu'il en fau-
« drait pour que la commune qui resterait la plus éloi-
« gnée de ces communications n'eût pas plus de demi-
« lieue à faire pour s'y rattacher, immédiatement ou
« plus tard. »

On aperçoit sans doute dans ce peu de mots la vicinalité complète de tout le royaume.

On y remarque aussi peut-être ce qui a empêché
jusqu'ici qu'elle s'exécutât.

Toute œuvre en effet veut que les instrumens destinés à l'accomplir fonctionnent suivant leur nature et
dans le cercle de leur portée.

L'administration et le département peuvent aller

jusqu'à donner la main aux communes, mais non jusqu'à prendre leur place ou à les faire agir par dé-légation.

Mais il n'y a pas une commune en France qui ne puisse par elle-même, en s'aidant du modèle de route qui vient d'être mis à sa portée, et en employant au besoin un des nombreux conducteurs que les travaux dirigés par l'administration auront formés, exécuter une demi-lieue de communication.

Voilà donc toutes les communes de France en com-munication facile avec tout le royaume, tous les dé-partemens, tous les chefs-lieux d'arrondissement, et probablement aussi tous les chefs-lieux de canton.

La commune n'a donc plus à remplir à elle seule que deux tâches :

La première est celle dont nous venons de parler;

La seconde celle qui consiste à donner aussi un bon degré de viabilité à ses propres chemins, ceux qui lient entre eux tous les villages dont elle se compose.

Le reste appartient à l'individu ou à quelques indi-vidus qui se concertent ensemble.

Mais l'impulsion est donnée. L'administration, le département, la commune, le particulier n'ont à faire que ce qu'ils doivent et ce qu'ils peuvent ; rien n'em-pêche même que l'œuvre entière marche à la fois ; car chacun peut y coopérer dans sa sphère.

C'est l'ordre et la division du travail, qui opèrent tant de merveilles dans l'industrie, appliqués à la plus fé-conde entreprise d'intérêt public, peut-être, qui puisse être exécutée.

Supposez au contraire l'administration supérieure, celle du département, voulant diriger et aider à la fois les travaux à entreprendre sur les 800,000 communi-cations au moins qui intéressent nos 36,000 communes rurales, et vous aurez le déplorable état des choses qui

a pu subsister encore quarante ans, après une révolution, c'est-à-dire de l'argent, des transports, des journées d'hommes, de voitures et de chevaux, représentant une immense valeur, mais se consommant chaque
année sans plan, sans ordre, sans art, sur une multitude
innombrable de communications, et les laissant toujours, après le premier hiver, en plus mauvais état
qu'elles ne l'étaient auparavant.

C'est dans ce même rapport du 10 juin 1832 que
j'offris au conseil général de la Charente les premiers
résultats de notre système.

Mais n'anticipons pas. Les faits vont se produire
successivement à leur place par le plan que je me suis
proposé, et qui n'est autre chose que la succession des
idées et des faits dont se compose toute l'entreprise,
savoir :

Les considérations qui précèdent ;

L'exposé des faits accomplis au moment où j'adressai, en février 1834, à la commission de la chambre
des députés, le projet de loi que j'avais cherché dans
ces faits eux-mêmes ;

Les faits qui se sont succédé depuis, et qui présentent des détails d'exécution susceptibles, ce me semble,
de jeter encore quelque lumière sur la nature et les
incidens d'une telle entreprise.

Je me hâte de faire remarquer, cependant, que le projet de loi compris dans la seconde partie de cet exposé,
tel qu'il a été soumis à la commission de la chambre des députés, chargée, en février 1834, d'élaborer
un projet de la même nature, n'a plus d'autre
objet aujourd'hui que de reproduire quelques cas des
dispositions réglementaires que le dernier projet de loi
présenté par le gouvernement a très-bien fait de
réserver pour un réglement d'administration publique applicable à tous les départemens, ou qui se-

trait présenté par chacun d'eux à la sanction de l'autorité supérieure; car j'adhère pleinement au nouveau
projet , avec les seules modifications proposées par la
commission de la chambre élective en 1835 , et celles
peu nombreuses que j'ai cru devoir soumettre, dans sa
dernière session, au conseil général de la Charente, qui
les a fortifiées de son adhésion (1).

En attendant, qu'on ne cherche pas dans ce qu'on
va lire de quelle manière je suis parvenu à appliquer
les lois existantes, et à y trouver des moyens d'exécution, alors que partout ailleurs elles n'ont paru offrir
que difficultés et obstacles.

Qu'on n'espère pas y trouver surtout une interpré-
tation tellement habile de la loi du 7 juillet 1833, que
les déclarations d'utilité publique et les expropriations
qu'elles entraînent, n'auraient pas offert plus d'embarras
et suscité plus de lenteurs que les lois antérieures.

Je ne me suis presque pas servi des lois; mais je ne
me suis mis en opposition avec aucune.

J'ai fait, sous l'empire de la législation actuelle, ce
que je voudrais que la loi, si impatiemment étendue ,
permît de faire exécuter , quelquefois forcément , et
n'empêchât jamais d'exécuter, quand il y aurait assentiment des parties intéressées.

Ce sont, tout simplement, des chemins communaux
ou vicinaux déjà existans, et classés conformément à la
loi du 9 ventôse an XIII, qui ont été ajoutés les uns
aux autres, et tellement *réparés à fond* par la commune, *avec le secours du département*, que de larges
et belles chaussées de 4 et de 3 mètres de largeur, avec
des accotemens d'une dimension toujours à peu près
égale à la chaussée, et le tout bordé de fossés, s'y sont

---

(1) Voir à la 3e partie le projet de loi ainsi modifié.

trouvés tout-à-coup substitués à de profondes exca-
vations longitudinales, où la boue et les pierres s'amon-
celaient chaque année, et qui se nommaient des chemins!

Ces chemins communaux, sans cesser de l'être, se
sont donc trouvés élargis, redressés, empierrés, au
point de former ensemble de belles lignes de grande
vicinalité, qui servent de canevas à la vicinalisation
complète du département, canevas dont toutes les
communes, restées en dehors, n'auront plus qu'à former le tissu.

Quand il a fallu un terrain neuf pour changer l'assiette de la route, ou abattre un pan de grange pour
traverser un bourg, ou quelques pieds de terre à droite
et à gauche, pour élargir la voie, eh bien, il a été
nécessaire que le passage fût ouvert dans les champs,
que le mur tombât dans le village, que les bords de
la route fussent reculés par le fait des propriétaires
eux-mêmes, non-seulement sans résistance de leur
part, mais d'après leurs offres ou leur assentiment
préalables.

Nul doute qu'à la moindre difficulté sérieuse j'aurais
été arrêté;

Mais j'avais commencé par un essai dont le succès
avait frappé tous les yeux;

J'avais surtout obtenu du conseil général qu'il me
permît d'élever la bourse du département à la portée
de toutes les communes, pour que chacune pût se mettre en mesure d'y puiser.

Les intérêts étaient éveillés;

Leur confiance dans l'administration, acquise.

S'il y avait un sacrifice à faire, c'est la commune qui
le demandait. C'est à la commune qu'il était fait. Et
la commune est une famille à laquelle on refuse bien
difficilement ce qu'elle réclame dans l'intérêt de la

communauté. Il en est tout autrement quand c'est le gouvernement, ou le département lui-même,. qui demande à occuper, comme lorsqu'il s'agit de routes royales et départementales. C'est là tout le secret de tant de sacrifices obtenus, de tant de difficultés vaincues.

Faites aider maintenant cette propriété, cette force de la commune, des facultés, de la force du département, et vous verrez ce qu'il y a là d'élémens de progrès et de prospérité.

Aussi, toute loi qui consacrerait ce principe devait me paraître bonne, et c'est à ce titre que j'en ai présenté une, et que je crois devoir approuver aujourd'hui celle du gouvernement, comme devant entraîner plus facilement toutes les convictions, et obtenir la sanction de tous les pouvoirs, car elle consacre le principe que j'ai désiré par-dessus toute chose voir puiser dans la loi, c'est-à-dire l'exécution par la commune, volontaire ou obligée, avec le secours du département.

Tel avait été le but, en effet, du travail qu'on va lire. Les faits y servent de base à la proposition législative.

Nous ne pouvions avoir une bonne loi en cette matière, que celle dont la pratique aurait déjà consacré l'utilité.

Mais n'en est-il pas, ou ne devrait-il pas en être ainsi en toute chose.

DEUXIÈME PARTIE.

TRAVAIL SOUMIS A LA COMMISSION DE LA CHAMBRE DES DÉPUTÉS, EN FÉVRIER 1834. — FAITS ACCOMPLIS A CETTE ÉPOQUE. — UN PROJET DE LOI AVEC SON EXPOSÉ DES MOTIFS.

De contrée à contrée dans le même pays, de peuple à peuple et de continent à continent dans tout le globe, toutes les questions de rivalité, de bien-être, de prépondérance nationale, dans l'ordre industriel et commercial, se réduisent à des questions de communication.

Arriver le plus vîte et le plus économiquement possible au but, est, pour ainsi dire, le seul problème à résoudre aujourd'hui.

On le sait partout, enfin; on s'en doute du moins, on le pressent.

Cette vérité s'exprime d'une autre manière dans l'ordre intellectuel et social.

L'état de paix, dit-on (qui peut se traduire par le maintien de l'ordre à l'intérieur, et celui des relations entièrement libres à l'extérieur), est le plus favorable au développement de toutes les facultés bienfaisantes de l'homme, et par conséquent à son plus haut degré de bien-être physique et moral.

C'est que l'esprit de sociabilité est le principe de tout progrès. Séparer les hommes ou les rapprocher, c'est éteindre ou accroître en eux tout élément de bonheur.

Aussi tous les esprits sont-ils heureusement préoccupés de multiplier ou d'améliorer les communications.

Le champ est vaste.

Vous pouvez l'apercevoir dans toute son étendue, néanmoins, en y portant, par l'imagination, vos regards.

Des mers ou des fleuves l'entourent ou le divisent; d'interminables lignes le traversent, s'y croisent dans tous les sens, et on y aperçoit distinctement jusqu'à une multitude de petites lignes droites ou tortueuses qui, comme le système capillaire dans l'organisation humaine, se lient aux grands canaux de la circulation et portent le mouvement et la vie à tous les points de la surface.

On se partage le grand œuvre que cette immense entreprise offre à l'activité des esprits, et chacun choisit son lot et y apporte sa pierre, suivant la position sociale où le sort l'a placé.

Les mers du globe, les fleuves navigables qui s'enfoncent profondément dans les terres, les grandes lignes qui unissent les principales capitales des deux hémisphères, celles enfin qui, dans chaque nation, assurent les relations entr'elles de ses principales régions et cités, occupent essentiellement la politique, la diplomatie et les sommités de chaque gouvernement.

Mon lot, à moi, simple administrateur de l'un des départemens moyens de la France, c'est le fleuve qui le parcourt, les 5 routes royales qui le traversent, les 9 routes départementales qui lient ensemble les premières, et après cela, sans aucun autre intermédiaire jusqu'ici, les milliers de petits chemins qui lient entr'eux 9 ou 10 mille villages ou hameaux formant 453 communes, 29 cantons et 5 arrondissemens.

Mais qu'on se le persuade bien, il y a nécessité d'un ordre supérieur et arrêté d'avance dans l'application des moyens à employer pour le but qu'on se propose dans chacune des parties de tout le système; et la règle commune à l'exécution de toutes, c'est qu'il faut assurer d'abord les principales lignes dans chaque partie, et arriver successivement aux plus petites; d'où il suit qu'il faut obtenir autant de lignes intermédiaires que le système général peut en exiger, pour que les voies les plus importantes puissent se lier successivement avec assez de force et d'ensemble, jusqu'à la plus courte communication du village au bourg.

Ainsi la mer, les fleuves, les grandes lignes européennes sur le premier plan;

Les routes dites royales en France, et celles de province ou de département, intéressant plusieurs départemens ou provinces, sur le second;

Les routes arrondissementales intéressant plusieurs arrondissemens ou cantons, sur le troisième;

Les routes cantonnales intéressant plusieurs communes, sur le quatrième;

Les routes communales, intéressant les villages ou seulement la commune, sur le cinquième.

Cela ne veut pas dire certainement qu'il ne faut s'occuper des routes nationales que lorsque les communications de peuple à peuple seront assurées, ou des routes arrondissementales et vicinales qu'alors que les routes royales ne laisseront plus rien à désirer; mais cela signifie que, dans chacune de ces grandes classes de communications, il importe que les moyens d'action qu'on possède se portent de préférence sur les plus importantes, et successivement et par ordre, sur celles qui le sont le moins, par la raison toute simple que la sève doit vivifier le tronc avant qu'elle puisse s'étendre avec tous ses sucs nourriciers aux plus petits rameaux et jusqu'à la feuille elle-même. Pour parler sans figure, d'ailleurs, n'est-il pas évident que plus on mettra une bonne route à la portée des cantons et des communes, plus on facilitera aux cantons et aux communes la possibilité de s'y rattacher par leurs seuls efforts?

Les considérations qui précèdent ont suffisamment expliqué, ce me semble, l'ordre de travaux que j'ai adopté dans ce département, avant d'apporter moi-même aux honorables députés et pairs de France qui dirigent en ce moment leur attention sur ces importantes matières, le faible tribut de mon expérience et de mes observations.

Tout en m'occupant des grandes communications d'intérêt général et départemental que possède la Charente, avec toute la sollicitude que ces principales branches du système commandent, j'ai dû me conformer aux exigeances et aux formalités prescrites par les lois et instructions qui régissent toute cette classe de communications; j'ai dû surtout subir les conditions du budget de l'état, qui ne laissent tomber sur cette partie du service que les minces secours proportionnés à l'allocation générale, toujours si faible, de cette branche du service public.

En trois années, cependant, l'administration des ponts et chaussées a fait reconstruire à neuf deux écluses de la Charente sur les 24 qui existent dans son parcours, et réparé les plus graves endommagemens de 12 autres, avec une allocation extraordinaire et annuelle de 25000 francs.

Dans le même intervalle, la même administration a fait confectionner 15302 mètres de chaussées sur nos routes royales, et 24805 mètres sur les 9 routes départementales classées, en y dépensant, pour travaux neufs, une somme de 338921 francs. C'est plus d'ouvrage assurément qu'il n'en a été exécuté en 10 années sous la restauration; j'ai même constaté que, dans les soixante années qui ont précédé 1830, il n'a pas été exécuté, en commune, plus de 2500 mètres linéaires de chaussée par année dans le département, et qui ont coûté plus de 60 fr. le mètre, si l'on répartit sur les parties de routes achevées tout ce qui a été alloué par le trésor et par l'état, durant ces 60 années, pour la construction et l'entretien.

Il est donc évident que les travaux de route exécutés par les ponts et chaussées, ont participé à l'activité que l'administration du département s'est efforcée d'imprimer depuis trois ans à tous les travaux.

Quant aux résultats obtenus par l'administration départementale sans le concours des ponts et chaussées, sur 20 routes de premier ordre, qui servent de base au système de grande vicinalité dont j'ai commencé l'exécution dans ce département le 1er mai 1832, en voici le résumé :

Au 1er janvier 1834, c'est-à-dire après 20 mois de travaux,

77791 mètres linéaires de chaussées entièrement neuves, selon toutes les règles de l'art, dont une longueur de 65405 mètres, à 12 pieds de chaussée et 8 pieds d'accotement, et le reste 9 pieds seulement de chaussée;

16753 mètres de route seulement ouverte;

223443 mètres cubes de terrassemens sur les parties de route dont la chaussée est terminée;

Le tout à 2 fr. 80 c. en commune, par mètre li-

néaire de chaussée, y compris le coût des 223443 mètres cubes de terrassement. Ce prix de 2 fr. 80 c. le
mètre se réduisait, le premier janvier dernier, à une
commune de fr. 23 9, en déduisant le montant des
prestations en nature.

Sur les 77791 mètres de chaussées exécutées, ou bien
près de 20 lieues de poste, il n'a pas été payé une
obole d'indemnité, ni pour l'élargissement des chemins,
ni pour leur assiette, et pourtant l'assiette des chemins a été changée sur près de 30 mille mètres de longueur. J'ai signalé dans mes divers rapports au conseil général les propriétaires riches et pauvres qui nous
ont fait l'abandon de leur terrain. Il en est qui nous
ont cédé jusqu'à 1400 mètres linéaires en ligne droite,
d'autres qui nous ont ouvert passage jusque dans leur
jardin.

C'est sur de tels résultats que j'ai demandé au conseil général du département, dans sa dernière session,
de m'autoriser à emprunter pour le département une
somme de 1,500,000 fr. qui, avec les ressources ordinaires non absorbées par le mode de remboursement
de l'emprunt que j'ai proposé, me permettrait de disposer, en cinq années, d'une somme de 2,175,000 fr.,
avec laquelle je ferais exécuter 187,000 mètres de
chaussées à terminer sur neuf routes départementales
classées, et 350,000 mètres sur les vingt-huit routes
arrondissementales ou cantonnales qui complétaient
la première catégorie de chemins de mon système de
vicinalité. Déjà, dans un tel état des choses, pas une
commune du département n'aurait plus d'une lieue à
franchir pour se trouver sur une route quelconque,
parfaitement ferrée et toujours bien entretenue.

A l'aide des travaux déjà en exécution et des instructions qui ont servi à leur direction, et qu'on va lire,
j'ai déjà pu délivrer le département presque entier du

fléau de la mendicité, qui le dévorait ; et l'on conçoit combien ces mêmes travaux, poursuivis pendant 5 ans avec deux fois plus d'activité, fortifieraient ce résultat qu'on peut dire sans prix, tant il renferme d'élémens d'améliorations morales et physiques pour le département !

J'ajouterai enfin que les propriétés rurales où les nouvelles routes vont aboutir ou dont elles se rapprochent, prennent un tiers de plus de valeur, et que tous les élémens de richesse industrielle et commerciale qui se rencontrent sur leur passage se trouvent vivifiés dans la même proportion.

J'ose recommander aux lecteurs de ce simple exposé de fixer aussi leur attention sur le concours des communes et des particuliers, dans ce mode d'exécution où le département et la commune sont appelés à réunir leurs ressources et à s'entr'aider, agissant, pour ainsi dire, en famille, sous la direction de l'administration départementale, avec l'approbation du gouvernement, mais sans le concours des agens qui représentent ordinairement l'administration supérieure, dans ses rapports avec les particuliers, lorsqu'il s'agit de tracer une route royale ou départementale et d'obtenir les terrains destinés à son assiette.

On jugera si ces faits méritent d'être étudiés, et s'il y a lieu d'y puiser quelques utiles indications pour les lois importantes qui régiront désormais la matière.

Je crois devoir compléter en tous cas les données qu'il me semble utile de publier sur ce sujet, en joignant à ce qui précède un aperçu du premier essai qui a servi de point de départ à mes travaux, et les instructions détaillées (1) auxquelles tous les agens de l'ad-

---

(1) *Voir* ces instructions à la fin de cet exposé.

tration départementale ont dû rigoureusement se conformer, pour leur exécution, dans leur position respective.

C'est ici le lieu, cependant, de placer l'une de ces situations par arrondissement, que chaque commissaire-voyer me présente tous les mois par commune, et par communication pour son arrondissement, parce qu'elle offre à la fois le résumé de toute la comptabilité prescrite, et de toutes les natures de travaux successivement exécutés sur chaque voie de grande vicinalité. (*Voir* une de ces situations, 3ᵉ partie.)

Cet état est précisément celui où j'ai puisé le résumé des faits accomplis qui commence cet opuscule, savoir, en 20 mois de travaux :

77791 mètres linéaires de chaussées neuves et entièrement terminées.

16753 *id. id.* en plus, de routes ouvertes.

223443 mètres cubes de terrassemens.

La commune des prix payés dans chaque arrondissement varie, comme on le voit, de 4 fr. 52 cent. le mètre à 1 fr. 54 cent., ce qui est essentiellement expliqué par la différence des terrassemens opérés dans chacun d'eux, en raison de la nature du terrain et de l'éloignement ou de la rareté des matériaux.

Dans l'arrondissement de Ruffec, par exemple, presque entièrement en plaine, et où les matériaux se trouvent généralement à pied d'œuvre, sur 13657 mètres linéaires de chaussée, il n'y a eu que 5923 mètres cubes de terrassemens, et la commune des prix payés ne s'élève au plus qu'à 1 fr. 61 c. le mètre de route.

Dans l'arrondissement de Confolens, extrêmement accidenté et où les matériaux sont très-rares, il y a eu 83166 mètres cubes de terrassemens sur 12386 mètres linéaires de chaussées, et la commune des prix payés s'est élevée jusqu'à 4 fr. 35 c. le mètre. — La commune de 6 fr. 71 c. le mètre, portée dans cet arrondissement, sur la route d'Alloué à Confolens, provient d'une portion de route départementale exécutée d'après le même système, avant que le classement en eût été opéré.

Quoi qu'il en soit, voilà bien le département de la Charente, si je ne me trompe, en voie d'obtenir d'ici à trois années quatre fois au moins autant de chaussées terminées qu'il en a obtenu en deux années avec ses ressources ordinaires, ce qui porte à 565000 mètres ou 142 lieues de poste environ le parcours de ses chemins de vicinalité de première classe.

Ajoutant à cela les 100 lieues de routes départementales qu'il aura complétées d'ici à cinq années, et les 100 lieues de routes royales qui le traversent déjà, à 15 lieues près qui seront aussi terminées à la même époque, c'est en tout, pour le département de la Charente, une perspective très-prochaine, comme on le voit, de trois cent quarante-deux lieues de chaussées sur lesquelles un seul cheval pourra traîner 900 kilo. Or, on sait que c'est tout au plus 160 à 180 kilo qu'un seul cheval peut traîner sur nos mauvaises routes vicinales.

Appréciant enfin la distance qui resterait entre les lignes supposées parallèles sur lesquelles ces 342 lieues de route seraient distribuées dans toute la longueur du département, on trouve que, d'après sa longueur moyenne, qui est de 98000 mètres, et sa largeur moyenne qui est de 62000 mètres, il ne resterait plus que 445 mètres ou moins d'un quart de lieue de distance entre les lignes. Qu'on juge d'après cela si cette première partie du système, qui doit consister à ne pas laisser une seule commune à plus de 2000 mètres, ou demi-lieue de poste, d'une communication parfaitement viable, est bien loin de s'accomplir dans la Charente.

Le système, ses moyens d'exécution, ses travaux et ses résultats, viennent d'être simplement exposés; ce qui me reste à dire sur les épreuves faites, les observations recueillies, les difficultés survenues et les moyens employés pour les vaincre, trouvera sa place dans l'exposé même des motifs d'un projet de loi, que je me suis efforcé de faire surgir de ma propre expérience, expérience qui a dû se faire avec la législation incomplète, incertaine, confuse, qui m'enchaînait à son mutisme comme à ses prescriptions.

C'est le seul moyen d'ailleurs qui puisse tout au moins indiquer de quelle manière il serait possible de satisfaire au besoin qu'on éprouve d'une sorte de code vicinal, qui réponde à l'objection, presque toujours si fondée, que les plus belles théories, simplement énoncées, ou dont l'épreuve n'a été faite que sur une petite échelle, ou dans des circonstances exceptionnelles, peuvent difficilement se traduire en une législation précise et applicable.

Ce n'est donc pas un projet de loi sérieux que je viens soumettre aux chambres législatives; je n'ai garde de me placer ainsi à côté des hommes distingués qui ont fait de ces matières une étude approfondie et auxquels un honorable mandat offre en ce moment l'occasion de se saisir de l'initiative législative pour mettre en lumière le fruit de leurs méditations; mais c'est un cadre que je choisis pour y recueillir et y distribuer avec ordre le résultat de mes observations dans tout le cours de l'expérience pratique à laquelle je viens de me livrer.

Dans les trois sections que je vais présenter et dans les 40 articles dont elles se composent, on trouvera sans doute à retrancher, à modifier, à ajouter, mais j'aurai du moins embrassé le sujet dont je m'occupe dans toute son étendue, tel que je le comprends; et j'en aurai rendu, je l'espère, toutes les parties intelligibles aux hommes supérieurs qui devront en juger.

La division, l'impôt, l'exécution, l'entretien, le contentieux, forment les cinq sections principales du projet qui sert de cadre à mes propositions.

Ce dont l'expérience que je viens de faire m'a confirmé surtout l'utilité, c'est la division de tous les chemins non classés comme routes royales ou départementales en chemins de petite et grande vicinalité (1) :

La première se composant des liens principaux qui doivent unir la route départementale aux plus petits chemins communaux, constamment placée sous les yeux et la main de l'administration centrale, appelant incessamment toute son attention, excitant ses efforts et son activité, intéressant enfin son amour-propre ;

La seconde, également placée sous la surveillance et l'action de l'administration supérieure, soumise à une agence ou direction éclairée, mais réduite aux proportions de l'intérêt, des facultés et des efforts possibles de la plus petite commune ; de telle sorte qu'il n'y ait plus, pour ainsi dire, qu'à la laisser faire et à laisser agir son intérêt, quelqu'étroit qu'il puisse être, pour que le système entier s'accomplisse dans un très-court délai.

La grande vicinalité se compose de chemins dits arrondissementaux et cantonnaux ; la petite, des chemins communaux.

Les uns et les autres sont à la charge des communes, mais il y a un fonds commun départemental et un fonds commun arrondissemental pour aider les communes dans l'exécution et l'entretien des premiers ;

---

(1) La division en chemins vicinaux et en chemins communaux, adoptée dans le dernier projet du gouvernement, remplit le même but.

tandis que les communes seules doivent pourvoir aux réparations et à l'entretien des seconds.

Il y a aussi trois dimensions différentes qui les distinguent :

Les chemins arrondissementaux et cantonnaux auront 8 à 6 mètres de largeur, et les chemins communaux en auront 5 (1).

J'ai employé, avec une évidente utilité, dans mes travaux, le fonds de secours du département, la contribution en argent et les prestations en nature des communes, les souscriptions et les offres de terrain des particuliers; mais tout cela par exception, ascendant, bonne volonté, et avec irrégularité et disproportion, par conséquent, dans les charges et les sacrifices. La loi seule peut mettre en valeur ces ressources diverses d'une manière générale, permanente et régulière. J'y ai fait mes efforts dans cette section de mon projet; je n'ai eu garde de faire l'abandon de l'importante ressource des prestations en nature, malgré que l'utilité que j'en ai retirée ait toujours été en s'affaiblissant; mais j'ai rendu obligatoire l'impôt simultané en nature et en argent, ce qui égalise ou proportionne, avec toute l'équité désirable, cette charge publique. Ce n'est pas sans raison que les populations rurales retrouvent quelque chose du caractère féodal des anciennes corvées dans la prestation en nature, quand elle est seule exigée; car la faculté de se libérer en argent ne met à la charge du riche que la valeur d'une simple journée d'homme ou de bêtes, tandis que le paiement en nature du pauvre représente tout ce que sa personne

---

(1) Bien entendu entre fossés, et une largeur de chaussée égale à celle des deux accotemens.

et ses animaux lui font gagner en un jour pour sa sub-
sistance et celle de sa famille ; il en résulte d'ailleurs
que le possesseur d'un grand revenu , et le malheureux
qui ne vit que de son travail , supportent la même
charge évaluée en argent.

D'après le projet proposé, tous les habitans de la
commune , sans exception, tels qu'ils sont désignés
par la loi actuelle , supporteraient la prestation en nature ; toujours avec la faculté pour tous de se libérer
en argent; mais le contribuable paierait en outre , en
raison des contributions directes qu'il supporte , sa
quote part des 5 centimes ou 2 centimes et demi qui
seraient répartis dans la commune en même temps que
les journées de travail.

Le travail des prestations, enfin, serait réglé par les
commissions arrondissementales ou cantonnales pré-
posées à la surveillance des travaux d'exécution ou
d'entretien ; de telle sorte qu'aucun prestateur ne pût
obtenir sa libération qu'après avoir fourni ce qui lui
serait demandé par chaque journée d'homme ou de
transport.

Certaines communes , traversées dans toute leur longueur par un chemin de grande vicinalité, pouvant
se trouver surchargées, quant à leur importance réelle,
par la construction à neuf de la chaussée, j'ai établi
que chacune d'elles ne supporterait qu'une seule fois
l'impôt de 5 centimes et les deux journées de prestations pour les travaux de cette nature, afin que le fonds
commun pût remplir le vide que causerait parfois
l'impuissance de quelques communes.

Il fallait enfin que, pour la construction ou la mise
à neuf des chemins de grande vicinalité, comme pour
la réparation et l'entretien des chemins de ces deux catégories, les communes pussent être contraintes à s'imposer, au besoin , jusqu'à deux journées de prestation

et 5 centimes en argent sur les contributions directes; c'est ce qui a été prévu par l'article 15 du projet.

Il importait de laisser subsister le principe que tous les chemins vicinaux, sans distinction, sont à la charge des communes, tout en recherchant et arrêtant les élémens d'un fonds commun pour l'arrondissement et le département, et de là, les dispositions du projet d'après lesquelles les chemins de grande vicinalité se construisent et s'entretiennent aux frais des communes, avec le secours de l'arrondissement pour les chemins cantonnaux, et du département pour les chemins arrondissementaux (art. 7), et d'après lesquelles aussi les conseils d'arrondissement pourront imposer 3 centimes sur les contributions directes, et les conseils-généraux 4 centimes sur les mêmes contributions, au département tout entier (art. 16 à 17).

De quelle importance n'ai-je pas également reconnu qu'il pourrait être, en observant l'effet de nos travaux dans ce département, de les faire exécuter plus rapidement et de les livrer le plus tôt possible à la circulation !

Jouissance anticipée et d'une immense valeur, augmentation rapprochée du revenu et du capital des propriétés vivifiées, économie dans la dépense par l'activité continue des travaux, et la possibilité, par conséquent, d'en achever une quantité assez importante et assez complète à chaque campagne, pour n'avoir pas à la recommencer à la campagne suivante.

Il serait donc à désirer que partout où la situation financière du département le permettra, on pût faire usage de la voie des emprunts que j'ai fait adopter au département de la Charente. N'est-il pas juste, d'ailleurs, que l'avenir auquel doivent tant profiter des améliorations de cette nature, soit appelé à supporter une partie des charges publiques qu'elles entraînent?

Quand saurons-nous donc appliquer d'ailleurs le crédit à la production, c'est-à-dire au seul emploi qui le justifie et l'explique, puisqu'alors c'est à bon marché qu'on l'obtient, et c'est pour obtenir bien plus qu'il ne coûte qu'on l'emploie.

Je propose donc de convertir les 3 centimes arrondissementaux et les 4 départementaux en moyens de remboursement et de liquidation d'emprunts faits à des conditions favorables et n'engageant pas au-delà de 15 à 20 années l'arrondissement et le département (art. 18).

Il faut en effet que les 3 et 4 centimes arrondissementaux et départementaux puissent ne pas devenir une charge obligatoire et permanente.

L'expérience me démontre chaque jour que le zèle des citoyens, presque toujours fort efficace sous la rapport de l'influence et du contrôle, est insuffisant et presque nul pour l'action.

Je réserve donc à l'autorité administrative, ou à des agens subordonnés et rétribués, toute la partie active de l'entreprise.

Les commissions arrondissementales que je propose (art. 19), vérifient l'état des chemins de grande vicinalité dressé par le sous-préfet et qui, sur leur avis, doit être arrêté définitivement par le préfet en conseil de préfecture ; elles surveillent et contrôlent tous les travaux exécutés sur ces chemins dans leur arrondissement respectif.

Leur président correspond directement avec le préfet, elles se composent de cinq des membres du conseil d'arrondissement et du conseil-général, résidant dans l'arrondissement de ces mêmes conseils, qui ont à se prononcer sur les questions d'impôts du système, et qui ont d'autant plus d'intérêt, par conséquent, à être parfaitement éclairés sur leur nécessité et leur bon emploi.

Tout en soumettant les chemins non classés comme routes royales ou départementales à une classification utile et nouvelle, en ce qui touche leur administration et leur degré d'importance, il fallait se garder de perdre la moindre chose de l'avantage actuellement acquis par les classemens préfectoraux effectués en vertu des dispositions de la loi du 9 ventôse an XIII. — Les nouveaux états que je propose de faire dresser par l'administration, vérifiés par les commissions arrondissementales, et arrêtés d'après l'article 19 par le préfet, en conseil de préfecture, n'ont rien de commun avec les arrêtés de classement qui existent ou doivent exister dans les préfectures. Ils n'ont d'autre but que de soumettre ces mêmes chemins à la division de grande et petite vicinalité proposée par le projet qui suit, et de les rendre susceptibles d'être portés aux dimensions arrêtées par ce projet. Les dispositions que je propose ont donc pour objet de conserver à la voie publique tout ce qu'elle comprend dans l'état actuel de la législation et des actes administratifs, et de laisser subsister seulement la possibilité de l'élargir encore jusqu'aux dimensions fixées par le projet qui suit, partout où ce serait nécessaire.

Les chemins de la petite vicinalité doivent être soumis aussi à une révision générale, non pas sans doute aussi en ce qui touche les droits acquis à l'intérêt général par la législation existante, mais pour ce qui est de leur nombre, quelquefois infini dans une même commune, pour ce qui est aussi de l'inutilité radicale de quelques-uns d'entre eux susceptibles d'être rendus à l'agriculture.

Tel est le but de l'art. 20 du projet. La commission dont il y est question pour chaque canton ayant une tâche laborieuse et très-importante à remplir, je propose de la rétribuer, en fixant le délai dans lequel elle devra soumettre son travail.

Il y avait aussi à pourvoir au contrôle et à la surveillance, dans chaque canton, des chemins de la petite vicinalité. L'article 22 remplit cet objet.

L'institution des commissaires ou inspecteurs-voyers existe déjà dans un grand nombre de départemens. Dans tous on a senti la nécessité d'attacher à l'administration des hommes spéciaux capables d'appliquer les règles de l'art, ou tout au moins une surveillance éclairée aux travaux des chemins vicinaux, et de faire exécuter, dans tous les cas, les lois et réglemens qui régissent la matière. Là où ils existaient, par conséquent, les administrateurs départementaux ont été naturellement portés à les employer pour des travaux de la nature de ceux que j'ai fait exécuter dans la Charente, alors surtout qu'ils trouvaient en eux le zèle et la capacité nécessaires (1).

J'ai trop bien apprécié le concours de M. l'inspecteur-voyer d'Angoulême et de plusieurs de ses collègues ; je suis demeuré trop convaincu de l'impossibilité où se trouvait l'administration de se reposer pour l'accomplissement de cette nouvelle tâche sur MM. les ingénieurs ordinaires, dont les talens et l'instruction seraient pour elle, sans doute, d'un si puissant secours, mais dont les facultés ne sauraient suffire à cet accroissement des immenses travaux qui les accablent déjà, et auxquels ils ne peuvent, en réalité, suffire, pour ne pas m'attacher invariablement à la pensée de donner un caractère légal à l'institution des inspecteurs-

---

(1) Toutes les dispositions qui précèdent restent dans le domaine du règlement d'administration publique, d'après le dernier projet de loi du gouvernement, et il est convenable en effet qu'il en soit ainsi pour que chaque département puisse adopter successivement les mesures les plus applicables dans sa localité.

voyers, pour en obtenir tout ce qu'elle peut produire de bons effets dans l'état actuel de l'instruction générale, et tout ce qu'elle peut prêter de secours aux développemens si actifs que prennent à la fois tous les travaux d'utilité publique.

Ce n'est pas ici le cas de traiter les grandes questions qui se rattachent à l'organisation des ponts et chaussées, au rôle si important qui leur est assigné dans les rouages de l'administration qui survit encore, si puissante, aux gouvernemens qui l'ont fondée, ni d'examiner jusqu'à quel point il serait nécessaire de les mettre en harmonie avec nos nouvelles institutions, ou à leur donner toutes les facultés que semblerait exiger l'immense accroissement de la tâche qui leur est imposée ; mais c'est ici le cas de rendre pleine justice à l'instruction profonde et avancée de MM. les ingénieurs, au zèle et à la prodigieuse activité d'un très-grand nombre d'entre eux, à l'utilité réelle dont ils pourraient être pour les travaux considérables que le système proposé doit provoquer sur tous les points de la France, tout en déclarant hautement qu'ils ne peuvent suffire, avec leur organisation et leurs réglemens actuels, aux obligations qui leur sont en ce moment imposées ; d'où il suit qu'il serait encore plus absurde que dangereux de leur confier, en surplus, une tâche qu'ils n'ont jamais eue, et de les faire intervenir obligatoirement, par conséquent, dans une partie du service administratif qui leur a toujours été étrangère.

Que ceux qui en doutent veuillent bien se faire montrer ce qu'exigent de papier, de calcul, de temps, pour un ingénieur des ponts et chaussées qui doit se conformer à toutes les prescriptions des réglemens, le simple tracé et nivellement d'un quart de lieue de route départementale ou royale, avant que l'ouvrier y puisse donner son premier coup de pioche ; qu'ils ré-

fléchissent qu'indépendamment de ces travaux, MM. les
ingénieurs ont à diriger et surveiller tous ceux de réparation et d'entretien des routes royales et départementales; qu'ils font creuser des canaux, construire
des écluses; qu'ils les font aussi réparer et entretenir;
qu'ils font exécuter les réglemens de voirie sur les routes; que la police de la navigation leur appartient sur
tous les cours d'eau navigables, qu'on vient même de
les charger tout récemment des cantonnemens de pê-
che, et qu'enfin, par-dessus tout cela, ils ont à se prononcer sur toutes les questions de cours d'eau et d'établissement d'usines qu'il plaît à tout particulier, ou
que tout particulier est contraint, suivant leur nature,
de porter devant l'administration.

Qu'on juge, d'après cela, si MM. les ingénieurs pourraient encore porter leur attention sur un nombre de
routes de grande vicinalité qui s'élèvera probablement,
dans chaque département, au triple ou quadruple des
routes royales et départementales dont ils sont exclusivement chargés dans l'état actuel des choses.

Et qu'on ne s'y trompe pas, un ingénieur ne don-
nera un simple visa, sur un plan quelconque, et ne
consentira ainsi à engager sa responsabilité, qu'après
avoir appliqué au travail qui lui sera soumis les opérations minutieuses et multipliées qui peuvent seules
attester son étude et son contrôle.

Je ne veux pas, en outre, supposer que des travaux
qui, par leur nature, se rapprocheront infiniment de
ceux dont MM. les ingénieurs sont exclusivement chargés, puisque les chemins arrondissementaux de première classe auront, à très-peu de chose près, les mêmes
dimensions que les plus petites routes départementales,
pourraient susciter chez eux une opposition ou des
lenteurs fatales au système tout entier.

Il faut pourtant que les préfets puissent les consulter en certains cas (1).

Il peut se faire que, dans quelques départemens ou dans quelques arrondissemens, le personnel des inspecteurs-voyers n'offre pas, de quelque temps, assez de garantie à l'administration pour qu'elle ose prendre sur elle d'autoriser l'exécution des plans qui lui sont proposés. Mieux vaudrait ne rien faire que de s'exposer à mal dépenser les fonds dont les contribuables supportent le poids. Mais on peut s'en rapporter, je pense, à des fonctionnaires d'un ordre élevé, constamment en présence des commissions permanentes commises à la surveillance des travaux dans tout le courant de l'année, et qui doivent en rendre compte chaque année devant un conseil général émané de l'élection.

Les sujets capables de diriger des travaux de route sont d'ailleurs de jour en jour moins rares. Une école centrale établie à Paris depuis plusieurs années, a déjà fourni un grand nombre de sujets propres à devenir d'excellens ingénieurs civils. Nos écoles normales de département enseignent ou peuvent enseigner les connaissances pratiques absolument nécessaires pour diriger utilement des travaux de cette nature. Les écoles spéciales et préparatoires se multiplient. On n'a qu'à voir jusqu'à quel point s'accroît chaque année la foule de concurrens qui se présentent pour l'école polytechnique, l'école de marine, celle de Saint-Cyr, et combien peu de places sont accordées, comparativement au nombre de ceux qui se présentent pour les occuper. Que faire donc de tous ces jeunes gens restés

---

(1) Ces observations ont été prises en considération dans le dernier projet du gouvernement.

en arrière dans les concours, et qui pourtant ont fait de si bonnes et si fortes études? Ouvrez-leur donc cette partie du domaine des travaux publics restés en dehors jusqu'ici d'une action administrative véritablement efficace, et auxquels nos institutions départementales et la tendance générale des esprits vont nécessairement imprimer une activité nouvelle.

Des réglemens ministériels peuvent ouvrir des concours à cet effet et en fixer les conditions. 430 inspecteurs-voyers à nommer, 150 ou 200 sous-inspecteurs, 2 ou 3000 gardes-voyers; voilà un assez bon nombre de positions pour utiliser les hommes capables, à divers degrés, qui cherchent un aliment à leur activité, et auxquels on n'en saurait offrir un plus utile à leur pays et à eux-mêmes.

Ajoutez au contraire l'immense fardeau que ce personnel nouveau peut supporter, à celui qu'une autre institution porte déjà avec tant de peine, et pour lequel, il faut le dire, ses forces sont insuffisantes, et tout est compromis: le peu de bien qui se fait déjà comme tout celui qui reste à faire.

J'ai cru devoir insister sur ce point : il est capital; car il s'agit ou de rendre applicable à toute la France un système de vicinalité déjà mis à exécution dans l'un de ses départemens pouvant la doter en cinq ou six années de 2500 chemins de grande vicinalité, de 12 à 15000 lieues de parcours, tout aussi solidement construits et tout aussi bien entretenus que nos plus belles routes départementales; ou de la priver entièrement de ce bienfait.

Tout se coordonne, en outre, dans le projet que j'ai essayé de formuler en dispositions législatives, de manière à faire marcher en même temps, par l'impulsion essentielle des communes soumises à la direction de l'administration, toutes les petites lignes communales qui se rattacheraient à la première partie du système. C'est la division du travail, si puissante dans les arts industriels, appliquée à l'administration.

Les communes n'ayant plus qu'un trajet très-court à parcourir pour s'embrancher directement aux chemins de grande vicinalité, et ne pouvant être abandonnées sans danger à leur propre direction, trouvent à côté d'elles les gardes-voyers prêts à leur servir de guides, à former des conducteurs de travaux ou à l'être eux-mêmes.

La dépense de ces agens-voyers, en leur confiant deux cantons généralement, ou un seul par exception, ne saurait s'élever au-dessus de 6 ou 700 fr., en graduant leur traitement entre 400 et 1000 fr., afin de ménager toujours une chance à l'avancement.

Ces quinze voyers dans la Charente ne coûteraient qu'une somme de 10500 fr. à ajouter à celle que coûtent déjà les commissaires-voyers d'arrondissement. C'est peu de chose en raison de l'immense utilité de l'institution, si l'on y rattachait surtout les gardes-champêtres en sous-ordre.

C'est assez sans doute pour que tout le système soit compris et puisse être jugé dans ses moyens d'exécution. Encore une fois, je ne fais ici que la théorie des faits accomplis ou observés par moi dans le cours de la grande expérience déjà faite, ou que je poursuis.

Les gardes-voyers cantonnaux en effet se trouveraient naturellement placés pour devenir les chefs de brigade des gardes-champêtres de leur circonscription, si l'excellente mesure de l'embrigadement de ceux-ci, déjà exécutée avec succès, ai-je ouï dire, dans quelques départemens, venait à être rendue générale par des dispositions législatives si vivement réclamées à ce sujet.

J'arrive à la partie la plus délicate ou la plus susceptible de discussion, du projet. Il ne serait pourtant

pàs complet sans elle. De graves difficultés surgiraient
encore de l'état actuel de la législation et de la jurisprudence. Il est d'un très-grand intérêt d'en dégager la
marche de l'administration.

L'utilité des travaux de cette nature est tellement
évidente maintenant dans la Charente (et il en sera de
même partout où ils seront portés au même degré
d'activité et d'importance), que toutes ces difficultés y
ont pour ainsi dire entièrement disparu par la seule
disposition des esprits à faciliter et encourager la
marche de l'administration dans cette voie. On l'a vu,
des portions considérables de terrains quelquefois précieux, lui ont été cédées sans indemnité, soit pour l'élargissement des chemins, soit pour leur changement d'assiette. Vingt lieues de chaussées sont exécutées sans qu'il
en ait coûté au département un centime d'indemnité, et
pourtant, indépendamment de l'élargissement des chemins, qui a eu lieu presque partout, ils ont été changés
d'assiette sur une longueur de près de 30000 mètres (1).

Mais un obstacle peut se présenter, une résistance
opiniâtre se manifester. J'en ai eu raison souvent de
deux manières : ou en portant les fonds départementaux sur une autre direction, ce qui provoquait aussitôt les cessions de terrains qui nous étaient refusées,
ou en autorisant les communes à faire exécuter les travaux sur le terrain libre ; mais c'est à la loi désormais
à fixer clairement la marche à suivre en pareil cas.

L'utilité de la route est évidente ; les propriétaires
riverains en éprouvent essentiellement une amélioration sensible dans leur revenu ou dans la valeur en
capital de leur propriété. Il est certain que la plus value de ces propriétés, équitablement appréciée, excé-

---

(1) C'est 50 lieues de chaussées qui sont aujourd'hui exécutées ; et
c'est sur plus de 120000 mètres que l'assiette du chemin a été changée

derait presque toujours la valeur réelle du terrain cédé.
Il y a enfin cette grande différence entre les grandes
routes et celles purement vicinales, que les premières
sont généralement exécutées dans l'intérêt du pays ou
de plusieurs départemens, tandis que les autres le sont
surtout dans l'intérêt des propriétaires les plus rapprochés, et, plus particulièrement, de ceux auxquels
on demande une très-faible partie de leur propriété
pour donner une très-grande valeur à tout le reste.

C'est dans cet esprit que je désire aussi qu'on exa-
mine cette dernière section de mon projet; mais toutes
les questions de propriété sont graves. Il y avait à profiter sans doute de ce que l'état actuel des choses a pu
créer ou a rendu possible, dans l'intérêt général, et à
faire disparaître tous les doutes derrière lesquels la
cupidité ou la mauvaise foi se retranchent pour empêcher un bienfait public; mais il importait de ne pas
affaiblir les garanties qui doivent entourer la propriété,
et de ne pas méconnaître, même à l'égard des chemins
vicinaux, le principe de l'indemnité préalable déposé
dans notre loi fondamentale.

Je propose de laisser à l'autorité administrative la
faculté que lui donne la loi du 9 ventôse an XIII, de
rechercher et reconnaître les anciennes limites des
chemins vicinaux (art. 26).

Je prends les chemins tels qu'ils sont classés actuellement par les arrêtés préfectoraux. J'autorise l'élargissement du petit nombre de ceux qui devront être
compris dans la première catégorie des chemins de
grande vicinalité. J'assure le classement progressif et
prochain de tous ceux qui ne seraient pas encore classés, et qui pourtant doivent être conservés (art. 27).

Cela fait, je propose de fixer la jurisprudence actuelle dans le sens le plus général de ses arrêts et des
décisions du conseil d'état, c'est-à-dire de telle sorte
que les questions de propriété élevées sur les chemins

classés ne puissent plus donner lieu qu'à des recours en indemnité devant les tribunaux, contre les communes, de la part de ceux qui se prétendraient propriétaires d'une partie ou de toute la largeur de ces chemins, sur un point quelconque de leur parcours (art. 28).

On sait que les formalités présentées pour le classement d'un chemin, par la législation en vigueur, consistent essentiellement à faire délibérer les conseils municipaux sur les chemins communaux qu'ils entendent placer dans cette catégorie, et à en faire publier le tableau dans chaque commune pendant deux dimanches consécutifs.

Quant aux chemins non classés par arrêtés préfectoraux, ils seront placés dans la catégorie des premiers dans un délai très-court (art. 27).

S'il y a opposition, le conseil de préfecture, sans se prononcer sur la question de propriété, après avoir entendu l'opposant et pris connaissance de la délibération du conseil municipal, décidera si l'arrêté préfectoral de classement peut être rendu (art. 28), et dès ce moment il n'y aura plus qu'un recours en indemnité possible de la part du propriétaire.

Si la propriété susceptible d'être cédée à la voie publique est en totalité ou en partie maison d'habitation ou usine en activité, c'est la dernière loi sur l'expropriation pour cause d'utilité publique qui devra être appliquée (art. 34) (1).

---

(1) J'ai bien changé d'avis sur ce point, depuis que ceci est écrit. L'expérience n'a que trop démontré que la loi du 7 juillet 1833, au lieu d'atténuer les difficultés et les entraves de l'ancienne législation sur l'expropriation pour cause d'utilité publique, n'a fait que les accroître, sauf peut-être en ce qui touche l'évaluation de la propriété par le jury, qui n'a pas encore été expérimentée que je sache, tant les formalités préalables sont d'une désespérante lenteur. Je me range tout-à-fait, en conséquence, au projet du gouvernement, amendé par la commission de la chambre.

Dans tous les autres cas, l'indemnité sera évaluée d'après le revenu fixé par les opérations cadastrales, ou qui le serait par une opération identique effectuée par les mêmes agens (art. 34).

On pourrait même, s'il le fallait absolument, ajouter une garantie de plus à l'arrêté de classement du préfet, en le subordonnant à la proposition préalable de la commission arrondissementale, qui se compose, comme on l'a vu, de cinq membres du conseil d'arrondissement et du conseil-général, désignés par ces conseils, dont tous les membres sont eux-mêmes élus par les électeurs cantonnaux ou par les principaux propriétaires du canton.

Il importerait, dans tous les cas, de manifester la disposition que je propose en l'article 35, d'après laquelle le préfet pourrait appliquer de préférence les fonds communs de chaque arrondissement et du département, à toute communication du même ordre, où les difficultés seraient volontairement applanies par les communes et les propriétaires riverains; car rien ne m'a paru plus efficace, dans l'expérience que j'ai faite, et rien n'est plus propre, par conséquent, à rendre les questions d'indemnité plus rares.

Ma ligne du milieu sera acceptée, je l'espère (art. 29 et 30). C'est le seul moyen de fixer une base invariable pour les questions d'anticipations anciennes ou nouvelles à décider municipalement par les maires, ou à juger par les conseils de préfecture (1).

Voilà nos chemins divisés, classés, construits ou

---

(1) J'ai déjà dit qu'en soumettant mes propositions à l'épreuve de la rédaction d'un projet de loi, je n'avais pas hésité à y comprendre les dispositions réglementaires elles-mêmes, qu'on a bien fait de laisser dans le domaine des actes administratifs dans le dernier projet de loi: celle-ci est de ce nombre.

réparés : il reste à les entretenir. Mieux vaudrait ne pas les avoir construits ou réparés. Point de viabilité possible sans entretien ; point d'entretien si l'administration centrale, toujours active et vigilante, n'a pas dans ses mains l'intrument qui représente constamment à ses yeux le véritable état des choses, et le fil directeur qui transmet sur tous les points son impulsion et sa pensée.

On a pu voir dans les documens qui précèdent l'arrêté que je fait exécuter à cet égard dans la Charente (1).

J'y ai maintenu le principe que les frais d'entretien des chemins vicinaux sont à la charge des communes. J'applique à la main-d'œuvre le secours que me fournit le fonds commun du département pour les chemins vicinaux, ce qui place l'adjudication des travaux ou les cantonniers sous la main de l'administration. Je laisse à la charge des communes la fourniture et le transport des matériaux. J'oblige l'adjudicataire ou les inspecteurs-voyers à faire transporter eux-mêmes les matériaux que les communes auraient négligé d'apporter sur la route aux époques fixées ; et je fais rendre exécutoire, à l'égard des communes en retard, les mémoires de l'adjudicataire ou du commissaire-voyer, réglés par les commissions arrondissementales ou cantonnales, et arrêtés par le conseil de préfecture, conformément à l'art. 9 de la loi du 28 juillet 1824.

Je n'ordonnance, chaque mois, aucune dépense concernant les chemins de grande vicinalité, si les pièces comptables ne sont accompagnées d'un certificat du commissaire-voyer, visé par le sous-préfet, attestant que tous les chemins de cette catégorie sont dans un état parfait d'entretien dans l'arrondissement. Telles sont

---

(1) Ces documens forment la dernière partie de cette publication.

les dispositions dont je propose de rendre l'exécution générale et possible par les art. 36, 37, 38 et 39 du projet qui suit.

Les faits que je viens d'exposer ont été constatés par une délibération expresse du conseil-général de la Charente, dans la dernière session.

Ils ont donné lieu au vote d'un emprunt de 1 500000 fr., que ce conseil a été unanimement d'avis d'employer, avec 700000 fr. des ressources ordinaires du département, à l'achèvement, en cinq ans, de ses routes départementales déjà classées, et de ses chemins de grande vicinalité.

Ils m'ont dicté la théorie que je viens d'exposer, ainsi que le projet qui suit.

Cette théorie et ce projet s'appuient sur les lois existantes et sur une jurisprudence généralement adoptée, bien qu'elle donne lieu encore à d'assez nombreuses contestations.

Je rappelle que ce projet n'est qu'un cadre dans lequel j'ai cru pouvoir classer beaucoup plus facilement mes idées, et mieux me rendre compte de la possibilité de leur application. Je me serais défié de moi-même si j'avais cru rédiger un projet de loi sérieux.

Quelques superfluités peuvent en être élaguées, d'autres dispositions peuvent paraître du domaine des instructions plutôt que de celui de la loi; quelques-unes peuvent avoir été omises; mais on y distinguera, je l'espère, celles qui constituent tout le système et qu'il importe de maintenir.

Il ne s'agit donc que de mettre en action pour toute la France un essai tenté avec succès, en faisant passer dans la loi des dispositions qui ont déjà obtenu l'assentiment et le concours de nombreuses populations et de plusieurs conseils-généraux.

Et c'est de l'application de ce système que doit résulter pour la France, je le répète, la parfaite viabilité, d'ici à 5 années, de 2500 routes nouvelles parcourant plus de 15,000 lieues, et attirant insensiblement à elles cette multitude de petits chemins ou embranchemens communaux, dont le projet qui suit a également pour but de faciliter et presser simultanément l'exécution.

Je ne pense pas qu'une législature puisse couronner ses travaux et illustrer son mandat par un bienfait plus honorable pour elle et plus puissant pour le pays.

(Suit le projet de loi.)

PROJET DE LOI.

———

Article premier.

Tous les chemins de France non classés comme route royale ou départementale, appartiendront désormais à la grande ou petite vicinalité.

Art. 2.

La grande vicinalité se composera des chemins arrondissementaux et cantonnaux; et la petite vicinalité, des chemins purement communaux.

Art. 3.

Les chemins arrondissementaux sont ceux qui traversent plusieurs communes de deux arrondissemens différens, ou qui passent par plusieurs communes pour faire communiquer ensemble le chef-lieu de canton avec le chef-lieu d'arrondissement, ou avec la route royale ou départementale la plus prochaine.

Art. 4.

Les chemins cantonnaux sont ceux qui traversent plusieurs communes pour communiquer avec le chef-lieu de canton, ou pour aboutir à une route royale ou départementale quelconque.

Art. 5.

Les chemins purement communaux ou de petite vicinalité sont ceux qui intéressent une seule ou plusieurs communes, mais qui n'aboutissent directement ni au chef-lieu du canton, ni à une route royale ou départementale.

Art. 6.

Les chemins de grande et petite vicinalité n'auront que trois dimensions :

La première, de 8 mètres, dont 4 de chaussée et 4 d'accotemens entre fossés ;

La seconde, de 6 mètres de largeur, dont 3 de chaussée et 3 d'accotemens entre fossés ;

La troisième, de 5 mètres, dont 2 et demi de chaussée, et 2 et demi d'accotemens entre fossés.

Art. 7.

Les chemins de grande et petite vicinalité se construisent et s'entretiennent aux frais des communes, avec le secours de l'arrondissement pour les chemins cantonnaux, et du département pour les chemins arrondissementaux.

Art. 8.

Les conseils municipaux ne pourront s'imposer ou ne pourront être imposés annuellement de plus de 5 centimes sur les contributions directes, et deux journées de prestation en nature, applicables aux charges de leur grande et petite vicinalité.

Art. 9.

Les 5 centimes et les deux journées ne pourront être appliqués qu'une seule fois à la construction des travaux neufs des chemins arrondissementaux et cantonnaux qui les traverseront ; mais il y aura toujours lieu à les voter chaque année pour la réparation de l'entretien des chemins de grande et petite vicinalité.

Art. 10.

Les prestations en nature ne pourront être imposées à la commune qu'autant que les 5 centimes sur les trois contributions directes le seraient également. S'il n'y a lieu à voter qu'une journée de prestation, les 5 centimes pourront être réduits par le conseil municipal à 2 centimes et demi.

Art. 11.

Seront passibles des journées de prestation tous les habitans de la commune désignés en l'art. 3 de la loi du 28 juillet 1824, et du paiement des 5 centimes ou 2 centimes et demi, tous les habitans portés au rôle des contributions directes.

Art. 12.

Le travail des journées de prestation, soit en terrassemens, soit en extraction ou en transport de matériaux, sera réglé comme il sera dit ci-après.

Art. 13.

Les imposés en prestation pourront se libérer à volonté, soit en travail, soit en argent, suivant le prix de chaque journée, réglé également comme il sera dit ci-après.

Art. 14.

Les réclamations pour surcharge d'impôt, soit en argent, soit en nature, seront jugées d'après le mode suivi jusqu'ici.

Art. 15.

Le préfet, après avoir entendu le conseil municipal dans sa délibération prise à ce sujet, pourra imposer

d'office la commune pour les charges ci-dessus mentionnées, soit en argent, soit en nature.

Art. 16.

Les conseils d'arrondissement pourront imposer 3
centimes sur les contributions directes à l'arrondissement, pour former un fonds commun de secours applicable aux chemins cantonnaux.

Art. 17.

Les conseils-généraux pourront imposer 4 centimes
sur les trois contributions au département tout entier,
pour former un fonds commun applicable aux chemins arrondissementaux.

Art. 18.

Les conseils d'arrondissement et le conseil-général
de chaque département pourront affecter le produit
des centimes ci-dessus, et celles de leurs ressources
ordinaires qui seraient disponibles, à des emprunts
destinés à accélérer la construction ou les réparations
des chemins de grande vicinalité.

L'emprunt pour les arrondissemens devra être autorisé par une ordonnance royale motivée.

L'emprunt pour les départemens ne pourra avoir
lieu qu'en vertu d'une loi.

Art. 19.

Il sera formé dans chaque arrondissement une commission chargée de vérifier l'état des chemins de grande
vicinalité, dressé par chaque sous-préfet, conformément aux conditions diverses de leur classification et
dimension, telles qu'elles sont exprimées dans les articles 3, 4, 5, 6 qui précèdent, et sur l'avis de ces commissions; cet état sera définitivement arrêté par le
préfet en conseil de préfecture.

Il ne pourra y être apporté aucun changement à

l'avenir que sur l'avis du conseil d'arrondissement et du conseil-général.

Les commissions arrondissementales se composeront de 5 membres, dont deux membres du conseil-général et trois membres du conseil d'arrondissement désignés par ces conseils dans chacune de leurs sessions annuelles; ces commissions nommeront leur président et leur secrétaire.

Elles seront chargées de surveiller les travaux de toute nature exécutés sur les chemins de grande vicinalité, et elles seront consultées par le préfet sur le mode d'exécution des travaux par adjudication ou par entreprise; elles se réuniront une fois par mois pour mettre en commun les observations de chacun. Le président de la commission correspondra directement avec le préfet.

ART. 20.

Il sera formé dans chaque canton une commission chargée d'arrêter un état de tous les chemins de petite vicinalité, dans chaque commune, qui doivent être conservés, et de ceux qui peuvent être rendus à l'agriculture.

L'état arrêté par cette commission sera communiqué au conseil municipal, dont la délibération à ce sujet devra être prise dans les 40 jours qui suivront cette notification.

Ces 40 jours expirés, le préfet, en conseil de préfecture, arrêtera définitivement l'état des chemins conservés.

Cette commission, composée de 5 membres au moins et de 9 membres au plus, sera formée par le préfet et rétribuée sur les fonds départementaux. Les vacations de chacun de ses membres seront arrêtées par le préfet, sur l'avis du maire du chef-lieu de canton et du juge de paix. Cette commission devra terminer son travail dans les trois mois qui suivront son installation.

Art. 21.

Les chemins non conservés seront attribués à la commune, qui pourra se pourvoir dans les formes légales pour obtenir l'autorisation de les vendre, sauf les questions de propriété dûment portées devant les tribunaux.

Art. 22.

Les membres du conseil-général et du conseil d'arrondissement, résidant dans le canton ou nommés par lui, réunis au maire du chef-lieu et au juge de paix, formeront une commission permanente, spécialement chargée, dans le canton, de la surveillance des travaux sur les chemins de petite vicinalité. Cette commission se réunira une fois chaque mois, au chef-lieu du canton, chez le président qu'elle aura nommé dans sa première réunion de chaque année. Ce président correspondra directement avec le préfet pour lui faire connaître le résultat des observations de chacun de ses membres et de la commission réunie.

Art. 23.

Il y aura un inspecteur-voyer par arrondissement.

Il pourra lui être adjoint un sous-inspecteur dans les arrondissemens composés de plus de cent communes.

L'inspecteur-voyer et les sous-inspecteurs seront nommés par le préfet ; mais la nomination du premier devra être soumise à l'approbation du ministre. Il pourra être suspendu par le préfet ; mais le ministre seul prononcera sa révocation.

Il y aura enfin un garde-voyer par canton, nommé par le préfet sur la proposition des sous-préfets.

Le traitement des inspecteurs et sous-inspecteurs-

voyers sera prélevé sur les fonds départementaux destinés à la grande vicinalité et fixé par le conseil-général,
sur la proposition du préfet.

Celui des gardes-voyers sera payé sur les 5 centimes
votés par les communes ou qui leur seraient imposés
pour la réparation et l'entretien des chemins de petite
vicinalité. Leur traitement ne pourra excéder 600 fr.
par an.

Art. 24.

Les inspecteurs, sous-inspecteurs et gardes-voyers
sont autorisés à dresser des procès-verbaux qui auront
foi en justice et devant les conseils de préfecture,
sauf inscription en faux, pour toute contravention
aux lois, réglemens et arrêtés municipaux, obligatoires sur les chemins de grande et petite vicinalité.

Art. 25.

Les inspecteurs-voyers, dans leur arrondissement
respectif, seront chargés de procéder au tracé des
chemins de grande vicinalité tels qu'ils auront été
arrêtés conformément à la présente loi, et à en déterminer l'assiette soit sur l'ancienne voie, soit sur une
voie nouvelle au cas où ils le jugeraient absolument
nécessaire.

Leurs propositions et leurs plans pourront être
soumis par le préfet à l'examen de l'ingénieur en
chef ou des ingénieurs ordinaires de leur arrondissement. Ils auront la direction et la surveillance des
travaux d'exécution.

Les préfets feront les réglemens de service, de surveillance et de comptabilité auxquels les inspecteurs-
voyers devront se conformer.

Les gardes-voyers placés sous l'autorité des sous-
préfets et sous la surveillance des inspecteurs-voyers,

seront chargés de surveiller et de diriger au besoin tous les travaux de réparation et d'entretien des chemins de petite vicinalité.

Art. 26.

Il n'est rien innové quant aux dispositions de la loi du 9 ventôse an XIII, qui charge l'administration publique de rechercher et reconnaître les anciennes limites des chemins vicinaux , si ce n'est néanmoins en ce qui touche l'augmentation de largeur qui pourrait résulter, pour quelques chemins, des dispositions de la présente loi.

Art. 27.

Les chemins de grande et petite vicinalité appartenant tous nécessairement à la catégorie des chemins vicinaux, classés ou non classés par l'autorité départementale, il sera procédé comme suit quant à la fixation définitive de leur largeur.

Les chemins classés en vertu d'arrêtés préfectoraux seront immédiatement portés à la largeur déterminée par la présente loi , suivant la catégorie à laquelle ils appartiennent.

Il en sera de même pour les chemins non classés , mais en observant à leur égard les dispositions prescrites par la loi du 9 ventôse an XIII.

Art. 28.

Le chemin classé ne peut donner lieu dans aucun cas à une instance en revendication de propriété devant les tribunaux, sauf inscription en faux contre les délibérations du conseil municipal qui constatent que les formalités prescrites par la susdite loi ont été remplies; il pourra toujours être formé néanmoins un recours en indemnité contre la commune, de la part de quiconque se prétendrait propriétaire d'une portion du chemin classé; mais ce sera au réclamant à faire la preuve de son droit.

48

Art. 29.

Le milieu des chemins de petite vicinalité, définitivement classés, sera déterminé par une ligne de pierres ou cailloux toujours apparente.

MM. les maires feront procéder par le garde-voyer du canton, au tracé et à l'exécution de cette ligne sur tous les chemins conservés de cette catégorie, dans le courant de l'année qui suivra la promulgation de la présente loi.

Art. 30.

Les inspecteurs-voyers détermineront aussi par une ligne semblable le milieu des chemins de grande vicinalité, soit sur les parties de routes exécutées, soit sur celles qui sont susceptibles de l'être, dans les six mois qui suivront la promulgation de la présente loi.

Art. 31.

Le tracé de ces lignes du milieu, rapproché de la largeur fixée par la présente loi pour chaque chemin, signalera les anticipations commises à droite et à gauche de la route, ou les portions de terrain qui devront être cédées à la voie publique.

Art. 32.

Il y aura anticipation si ce chemin était classé et si la largeur fixée par l'arrêté de classement ne se retrouvait pas à gauche et à droite de la ligne du milieu.

Art. 33.

Il y aura lieu à indemniser le propriétaire, s'il l'exige, dans le cas où le chemin classé ou non classé devrait être porté à une largeur excédant celle portée en l'arrêté de classement, ou qu'il fût nécessaire de prendre d'un côté quelconque de la ligne du milieu une portion de terrain qui n'aurait pas appartenu jusque là à la voie publique, ou enfin s'il y avait lieu à changer l'assiette du chemin.

Art. 34.

L'indemnité pourra être réglée entre la commune et le propriétaire, sauf l'approbation du préfet, soit en échangeant l'ancien chemin contre le terrain nécessaire au nouveau, soit en reconnaissant au propriétaire un prix calculé d'après les évaluations cadastrales, ou une opération pratiquée dans les mêmes formes et par le même agent, à moins qu'il ne s'agisse de propriétés bâties, auquel cas il serait procédé dans les formes de la loi du 7 juillet 1833 sur l'expropriation pour cause d'utilité publique.

Art. 35.

Le préfet pourra porter de préférence les secours de l'arrondissement ou du département sur les chemins de grande vicinalité, de la même classe ou du même ordre en importance, dont les propriétaires riverains seront les plus empressés à fournir gratuitement les terrains qui leur seraient demandés, ou à coopérer de leurs propres deniers à la prompte exécution des travaux.

Art. 36.

L'entretien des chemins de grande et petite vicinalité sont à la charge des communes ; mais il sera prélevé par le préfet, sur le fonds commun des arrondissemens et du département, la somme nécessaire pour le paiement de la main-d'œuvre dudit entretien, soit qu'il ait lieu par des cantonniers nommés par l'administration, ou par les soins d'un adjudicataire responsable.

Art. 37.

Les commissions arrondissementales mentionnées en l'art. 19 fixeront chaque année, dans le courant du mois de décembre, après avoir entendu l'inspecteur-voyer, les quantités de matériaux que chaque commune devra apporter sur les abords de la route à une époque déterminée, passé laquelle le commissaire-voyer ou l'adjudicataire devra lui-même faire exécuter ce transport.

Art. 38.

Les extractions et transports des matériaux effectués par l'administration ou par l'adjudicataire donneront lieu à des mémoires réglés par la commission arrondissementale et rendus exécutoires par le préfet à l'égard de la commune.

Art. 39.

Lorsqu'une commune ne pourra pas, vu sa population et son importance, fournir les matériaux nécessaires pour l'entretien des chemins de grande vicinalité qui traverseront son territoire, l'administration pourvoira sur les fonds communs à l'excédant de dépense qui en en résulterait.

Art. 40.

Toutes les disposions de lois concernant les chemins vicinaux ou communaux, auxquelles ne déroge pas la présente loi, sont maintenues.

TROISIÈME PARTIE.

EXTRAIT DU RAPPORT DU PRÉFET AU CONSEIL-GÉNÉRAL, DANS SA SESSION DE 1835. — SYSTÈME GÉNÉRAL DES VOIES DE COMMUNICATION DANS LA CHARENTE.

NAVIGATION.

C'EST toujours dans son ensemble que je considère le système général des voies de communication du département; c'est toujours le fleuve qui le parcourt, par conséquent, qui figure en première ligne dans mes aperçus à titre de communication primitive, et antérieure, par conséquent, à tous les ouvrages de l'art. — Les routes royales et départementales, et enfin les principaux intérêts d'un système complet de vicinalité ne sont que le complément de cette grande voie créée par la nature.

Mais vous le savez, Messieurs, en ce qui touche ce premier moyen de communication, deux combinaisons de travaux se sont toujours présentées pour accomplir cette œuvre importante d'amélioration; savoir : la restauration entière des ouvrages actuellement destinés à faciliter la navigation du fleuve, complétés par d'autres ouvrages reconnus indispensables ;

Et les reconstructions et réparations successives reconnues comme les plus urgentes.

La première combinaison exige des ressources extraordinaires ;

La deuxième ne peut être que lentement accomplie avec les faibles secours obtenus chaque année du gouvernement.

Je n'ai voulu négliger ni l'une ni l'autre, et je ne puis ici que vous rappeler la communication faite à M. le directeur-général des ponts-et-chaussées dès les premiers jours de janvier 1834, comprenant un rapport développé de M. l'ingénieur en chef sur la totalité des travaux à exécuter, et un ensemble de mesures financières que j'y avais adaptées pour en assurer l'exécution au moyen de l'abandon des droits de navigation perçus sur la Charente, et augmentés, à cet effet, conformément aux dispositions de la loi du 24 mars 1825.

Tout récemment encore j'ai cru devoir rappeler ce projet à M. le directeur-général, à l'occasion des dernières lois discutées et approuvées par les chambres sur l'amélioration de la navigation de plusieurs rivières, au moyen des subsides spéciaux fournis par le trésor.

Le conseil-général de la Charente, disais-je à M. le directeur-général, ne manquera pas de remarquer que le projet qui le concerne devait être traité avec d'autant plus de faveur que son exécution ne réclame aucun sacrifice de la part du trésor, et qu'il exige tout au plus l'abandon temporaire des droits perçus sur la Charente elle-même.

Cette considération a fixé l'attention de M. le directeur-général ; et au moment où je dicte ces lignes, je ne désespère pas encore de vous fixer sur la décision plus ou moins prochaine qui doit intervenir à ce sujet, sachant déjà que M. l'inspecteur divisionnaire a reçu de nouveaux ordres pour s'en occuper.

Mais je n'en ai pas moins suivi l'exécution de la seconde combinaison avec tout l'intérêt qu'elle réclame; et voici en effet le résumé des travaux successifs entrepris et exécutés depuis 1831, à l'aide des allocations extraordinaires que j'ai pu obtenir chaque année de M. le directeur-général, allocations tout-à-fait nulles, comme vous le savez, antérieurement à cette époque et depuis longues années.

Le tableau suivant en offre le résumé :

ÉTAT

DES CRÉDITS ALLOUÉS POUR LE SERVICE DE LA NAVIGATION,

SUR LES EXERCICES

1831, 1832, 1833, 1834 et 1835,

ET INDICATION SOMMAIRE DES OUVRAGES EXÉCUTÉS AU MOYEN

DE CES ALLOCATIONS.

DÉSIGNATION des Exercices.	MONTANT des Crédits.	INDICATION SOMMAIRE DES OUVRAGES EXÉCUTÉS.
1831......	45000 f. »	On a fait pendant cette campagne, et au moyen du crédit ci-contre, la plus grande partie de la reconstruction à neuf de l'écluse de Thouérat, dont le travail avait eu un commencement d'exécution en 1830. On a en même temps fait quelques réparations d'entretien aux écluses de Saint-Cybard, de Fleurac, Lamothe – Charente, Sireuil, La Liège, Vibrac, Juat, Saintonge, Gondeville, Jarnac et Cognac, ainsi que des ouvrages de maçonnerie et d'enrochemens aux deux barrages de Lhoumeau et de Fleurac.
A reporter.	45000 »	

DÉSIGNATION des Exercices.	MONTANT des Crédits.	INDICATION SOMMAIRE DES OUVRAGES EXÉCUTÉS.
Report.....	45000 »	On a achevé, en 1832, la reconstruction à neuf de l'écluse de Thouérat, commencé et poussé fort avant les travaux de reconstruction, également à neuf, de l'écluse de Lamothe - Charente, achevé les enrochemens du barrage de Lhoumeau, fait des réparations aux écluses de Fleurac, Sireuil, St-Simeux, Maloie, Châteauneuf, Vibrac, Juat, Saintonge, Gondeville et Jarnac, ainsi qu'aux barrages du Grand et du Petit-Badras, et à l'embarcadaire du passage de l'Echassier, et renouvelé à neuf deux ventaux aux portes de La Liège et quatre à celles de Cognac.
1832......	50000 f. »	
1833......	45000 »	Dans la campagne de 1833, on a achevé la reconstruction à neuf de l'écluse de Lamothe-Charente, exécuté divers ouvrages en réparation aux écluses de Saint-Cybard, Fleurac, Vibrac, Juat et Cognac, et renouvelé à neuf deux ventaux aux portes de Sireuil et à celles de Malvie.
1834......	46498 »	On a fait, en 1834, le relevé à bout, suivant un autre système, d'une portion du pavé du port de Lhoumeau, exécuté à neuf une grande partie de la reconstruction de l'écluse de Cognac; renouvelé les quatre ventaux de l'écluse de Saint-Cybard; réparé un affouillement dans le bajoyer droit de l'écluse de Thouérat; fait diverses réparations d'entretien aux écluses de Sireuil, La Liège, Saint-Simeux, Malvie, Châteauneuf, Vibrac, Juat, Saintonge, Gondeville et Jarnac.
A reporter.	186498 »	Dans la présente campagne de 1835, on a achevé la reconstruction à neuf de l'écluse de Cognac, et exécuté des murs d'épaulement et de soutènement à ses abords. On a continué et presque entièrement terminé le relevé à bout du pavé du port de Lhoumeau dans toute son étendue. On est occupé, dans ce moment-ci, à la construction d'un déversoir de fond auprès de l'é-

DÉSIGNATION des Exercices.	MONTANT des Crédits.	INDICATION SOMMAIRE DES OUVRAGES EXÉCUTÉS.
Report ...	186498 »	cluse de Sireuil ; on fait à neuf quatre ven-
	30000 »	taux pour l'écluse de Châteauneuf, et deux pour la porte d'aval de celle de Saintonge ; divers ouvrages en réparation ont été pres- crits à l'entrepreneur pour les écluses de St-Cybard, Thouérat, Fleurac, Lamothe- Charente, Sireuil, La Liège, St-Simeux, Malvic, Vibrac, Juat, Saintonge, Gonde- ville et Jarnac, ainsi qu'aux deux barrages du Grand et Petit-Badras. Il est à craindre que le mauvais temps qui a lieu depuis un mois et demi, et qui continue, ne fasse
Total...	216498 »	hausser les eaux de manière à empêcher quelques-unes de ces réparations.

216498 fr. ont donc été dépensés depuis quatre ans pour cette classe importante de travaux d'utilité publique, et vous voyez quelles reconstructions et réparations des plus urgentes en ont été le résultat.

Sans aucun doute, depuis près de quatre ans, la navigation de la Charente aurait cessé complètement si l'abandon dans lequel elle avait été laissée avant les événemens de juillet eût subsisté seulement quelques mois encore.

Ce qui nous reste à faire pour remédier aux plus importantes dégradations est encore considérable, et dit assez combien l'exécution de ce qui reste à accomplir de la première combinaison réclame une prompte solution. Le vœu que vous exprimerez à cet égard, messieurs, ne saurait être trop explicite, et ne peut que contribuer beaucoup à obtenir l'expédition prochaine de cette affaire. Vous la recommanderez en outre à toute la sollicitude de MM. les membres de ce conseil qui le sont aussi de la chambre des députés ; car la solution des questions qu'elle soulève est du domaine législatif, soit qu'une loi soit nécessaire pour l'augmentation des droits, soit que l'occasion se présente de nouveau à la chambre d'y discuter d'autres projets de loi pour l'amélioration de la navigation fluviale, avec ou sans subsides du trésor.

ROUTES ROYALES.

Vous connaissez, Messieurs, l'excellent système de direction des routes royales qui traversent le département ; système qui n'a pas été conçu sans doute dans l'intérêt du département de la Charente, mais qui semble véritablement avoir été créé pour lui.

J'ai déjà eu l'occasion de faire remarquer, dans mon premier rapport au conseil-général de département, que deux grandes communications du nord au midi, et de l'est à l'ouest, apparaissent en première ligne;

Que la direction du nord au midi est assurée par la route royale n° 10 de Paris en Espagne, et traverse le département dans la même direction, en inclinant un peu au sud-ouest vers Bordeaux, et en le divisant à peu près en deux parties égales;

Que des importantes régions de Brest, Nantes, La Rochelle, Rochefort, à celles du midi et du sud-est de la France, Toulouse, Lyon et Marseille, vous possédez, dans les routes n° 139, 144, 148 et 151 *bis*, les belles communications de Nantes à Limoges, de Saintes à Clermont, de La Rochelle à Périgueux, et enfin celle de Bordeaux, au centre de la France, sur Nevers et Clermont.

C'était là, comme vous le voyez, une excellente base d'un système général de communication pour le département, mais qui ne pouvait être complété que par les 9 routes départementales et les 42 routes de grande vicinalité dont je vais successivement vous entretenir.

Il était donc bien important d'arriver le plus tôt possible au complet achèvement de ces grandes artères du système.

Or, tel est le but auquel nous touchons, et que vous pouvez considérer comme accompli.

J'en ai fait dresser, sous le rapport des travaux neufs comme sous celui de l'entretien, la situation particulière que voici. Une seule lacune y figure, comme vous allez le voir ; c'est celle de la route n° 139 de Périgueux à La Rochelle, entre la ville d'Angoulême et la limite de la Charente-Inférieure. Elle ne présente qu'un parcours de 13472 mètres en deux parties ; elles sont maintenant l'une et l'autre en construction.

EXTRAIT

DE LA SITUATION DÉTAILLÉE PRÉSENTÉE PAR M. L'INGÉNIEUR EN CHEF.

DÉSIGNATION DES ROUTES et parties de routes.	LONGUEURS			FONDS ALLOUÉS pour l'exercice 1835.
	à l'entretien	en lacunes.	Total.	
Route royale de 1re classe, n° 10, de Paris en Espagne..............	102430ᵐ	»ᵐ	102430ᵐ	76000 fr. »
Route royale de 3e classe, n° 139, de Périgueux à La Rochelle.......	45285	13472	58757	11000 »
Route royale de 3e classe, n° 141, de Clermont à Saintes............	114751	»	114751	80000 »
Route royale de 3e classe, n° 148, de Limoges à Nantes............	27890	»	27890	3500 »
Route royale de 3e classe, n° 151 *bis*, d'Angoulême à Nevers......	46607	»	46607	7500 »
			350435ᵐ	

Ainsi donc, le parcours total de vos routes royales s'élevant à 350000 mètres, peut être considéré comme devant être achevé en 1835 et les premiers mois de 1836.

ROUTES DÉPARTEMENTALES.

Voici comment vos routes départementales se lient aux routes royales et en étendent le bienfait aux diverses parties du département : celle n° 1, d'Angoulême à Montmoreau, est évidemment destinée à rattacher à la route royale de Paris en Espagne, les cantons de Montmoreau, Chalais, Aubeterre, et de créer une communication directe entre ces mêmes cantons et Libourne, Bordeaux, Agen et Toulouse ;

Celle n° 2, de Cognac à Barbezieux, rattache les cantons de Brossac, Baignes, Barbezieux, au marché de Cognac et aux départemens de l'ouest, par la route royale n° 141, de Clermont à Saintes ;

Celle n° 3, de Cognac à St-Jean-d'Angély, rattache ces mêmes parties du département à la route royale n° 139, de Périgueux à La Rochelle ;

Celle n° 4, de Barbezieux au port Maubert, est un appendice de la route royale de Paris en Espagne, faisant aboutir toute la région du sud et du sud-est du département au port maritime qui en est le plus rapproché, à l'embouchure de la Gironde, dans la Charente-Inférieure ;

Celle n° 5, de Ruffec à Jarnac, fera communiquer, par une ligne beaucoup plus directe que celle qui passe par Angoulême, les deux routes royales de Paris en Espagne et de Clermont à Saintes, en ce qu'elles intéressent les arrondissemens de Ruffec et de Cognac ;

Celle n° 6, de Cognac à Pons, par Merpins, se rattache à la route royale de Clermont à Saintes, et doit mettre en communication directe les arrondissemens d'Angoulême, Ruffec et Cognac, avec la partie sud du littoral de la Charente-Inférieure et l'embouchure de la Gironde ;

Celle n° 7, de Barbezieux à Chalais, est aussi une prolongation de la route royale n° 10 vers le canton de Brossac et de Chalais, et complétera l'utilité de la route départementale de Cognac à Barbezieux, en établissant la communication la plus directe entre Cognac et Libourne ;

Celle n° 8, de Mansle à Séreilhac, est une autre prolongation de la route royale n° 10 à travers la partie nord-ouest du département, et liant ensemble les cantons de Mansle, Larochefoucauld et Montbron, en croisant la route royale de Clermont à Saintes ;

Celle n° 9, de Confolens à Ruffec, enfin, rattache la route royale n° 10, ou plutôt l'arrondissement de Ruffec qu'elle traverse, à la route royale n° 148, de Nantes à Limoges, qui passe également par Confolens.

Vous le voyez, Messieurs, si, par une route de grande vicinalité qui s'exécute déjà entre Confolens et Montembœuf, vous suiviez cette direction sur Montbron, Lavalette et Montmoreau, toutes vos routes royales se trouveraient liées entre elles par des routes départementales, et vous auriez de plus un poligone formé par ces dernières routes, et circonscrit dans les limites du département, de manière à en rendre le parcours facile, soit par des rayons qui partiraient du chef-lieu, soit par les côtés du poligone circonscrit, et ce, sans sortir de la classe des routes royales et départementales, sauf la seule communication de Confolens à Montmoreau.

Vous pouvez déjà juger, d'après cet aperçu, de ce que feront pour un système complet de communication les 42 routes de grande vicinalité que nous entrelaçons dans ces premières lignes.

Mais revenons aux routes départementales, et permettez que je mette sous vos yeux, tel qu'il a été dressé et annoté par M. l'ingénieur en chef, un nouveau tableau indicatif des travaux exécutés sur chacune d'elles avant 1831, de ceux exécutés ou qui s'exécutent depuis cette époque et dans l'exercice courant; de ceux qui resteront à exécuter en 1836, 37, 38 et 39, pour l'achèvement des routes de cette classe, ainsi que des dépenses faites ou présumées pour ces trois époques.

TRAVAUX

EXÉCUTÉS OU A EXÉCUTER SUR LES ROUTES DÉPARTEMENTALES, AU NOMBRE DE NEUF, AVANT 1831, DEPUIS CETTE ÉPOQUE, ET POSTÉRIEUREMENT A 1835 (1).

ANNÉES.	MÈTRES linéaires de chaussées exécutées.		DÉPENSE FAITE sur les routes.		MÈTRES de chaussées à exécuter.		DÉPENSE à faire.	
Avant 1831..	54680m	70	343496 fr.	43	»	»	»	»
En 1831....	7320	10	116719	71	»	»	»	»
En 1832....	5531	02	71086	97	»	»	»	»
En 1833....	15138	68	111373	87	»	»	»	»
En 1834....	32125	16	131996	71	»	»	»	»
En 1835, jusqu'au 1er juillet....	10510	65	69682	06	»	»	»	»
En 1835, du 1er juillet jusqu'au 31 décembre .	»	»	»	»	12510m	35	159664 fr.	69
En 1836....	»	»	»	»	26350	25	260048	83
En 1837....	»	»	»	»	18434	50	238094	»
En 1838....	»	»	»	»	27021	»	271212	»
En 1839....	»	»	»	»	19719	»	220160	»
Totaux...	125306	31	844355	74	104035	10	1149179	52

(1) Ceci n'est qu'un résumé du tableau développé, tel que l'a présenté M. l'ingénieur en chef.

Je crois devoir rapprocher quelques-unes des données qui résultent de cette situation pour mieux vous fixer sur l'importance relative de nos travaux depuis le 1er janvier 1831, et sur ce qu'elles signifient réellement, soit quant au temps nécessaire pour achever lesdits travaux, soit quant à la dépense qu'ils occasioneront.

Ainsi donc, antérieurement à 1831, et depuis la création des routes départementales, qui remonte à 1801, c'est-à-dire en 30 années, 54680 mètres de chaussée ont été exécutés ; et depuis 1831 jusqu'à ce jour, 70624 mètres.

Avant 1831, les 54680 mètres exécutés ont coûté 343496 fr., c'est-à-dire 6 fr. 20 c. par mètre courant.

La dépense afférente aux années suivantes se présente comme suit :

En 1831, pour 7320 mètres...	116719 fr.	71 c.
En 1832, pour 5531 *id.*......	71086	»
En 1833, pour 15138 *id.*......	111373	87
En 1834, pour 32125 *id.*......	131986	»
En 1835, pour 10510 *id.*......	69582	»
Totaux...... 70624		500857 fr. 58 c.

Pour les travaux antérieurs à 1831, par conséquent, se présente une moyenne de 6 fr. 28 c. le mètre courant, et pour les travaux exécutés depuis cette époque, cette moyenne s'élève à 7 fr. 8 c.

Si nous prenons cependant les travaux des trois dernières années comme représentant plus exactement les prix actuels, nous trouvons que 57773 mètres ont coûté 313051 fr., c'est-à-dire 5 fr. 44 c. le mètre courant. Ce dernier prix vous surprendra, si vous vous souvenez des évaluations qui ont été données jusqu'ici aux travaux des routes départementales ; et pourtant, si M. l'ingénieur en chef ne s'est pas trompé dans ses calculs, ce prix comprendrait les travaux d'art et les indemnités, et se rapprocherait alors beaucoup, sans l'atteindre cependant, de la moyenne totale des travaux de grande vicinalité.

Ce prix aurait été d'ailleurs le résultat de la concurrence excessive qui s'est manifestée, durant les trois dernières années, pour les travaux de cette nature, et qui a été suivie de rabais ruineux pour quelques entrepreneurs.

En ce moment même, les travaux de la route de Montmoreau sont arrêtés par la banqueroute et la fuite de l'entrepreneur; et l'adjudication que nous venons de tenter d'une partie de la route de Confolens à Ruffec, n'a provoqué qu'une seule offre de 25 p. % au-dessus du devis présenté par M. l'ingénieur en chef.

Aussi reconnaîtrez-vous, Messieurs, que M. l'ingénieur en chef, dans le tableau qui précède, porte à 1149179 fr. les 118034 mètres de routes départementales qui restent à exécuter dans les quatre années qui suivront l'année actuelle, ce qui supposerait le prix en moyenne de 9 fr. 73 c. le mètre. A la vérité, 70000 fr. environ se trouvent compris dans ces évaluations pour les ponts de Merpins, de Montbron, de Menest et de Vilotrange, qui sont à construire ou à réparer.

Je n'en ai pas moins jugé convenable de réduire ces évaluations à des quantités plus probables dans les articles du budget que j'ai l'honneur de vous soumettre, afin de ne pas courir la chance de paralyser, dans la partie du budget des routes départementales, les ressources ordinaires et extraordinaires, que vous êtes plus certains d'utiliser dans les travaux de grande vicinalité.

Vous remarquerez, enfin, dans cette même situation, que le parcours total de vos routes départementales s'élève à 231500 mètres, dont 54681 ont été exécutés dans les trente années qui ont précédé 1831,

70624 dans les quatre années qui ont suivi cette époque, et 116196 devront s'exécuter dans les quatre années qui vont suivre celle-ci.

Je n'abandonnerai pas ce chapitre des routes départementales sans vous proposer, Messieurs, une innovation dans votre budget, qui aurait pu vous présenter de graves inconvéniens pour les intérêts divers de chaque arrondissement, lorsque vos ressources ordinaires étaient inférieures aux travaux qui pouvaient être exécutés, mais qui ne paraît susceptible que d'un résultat utile, alors que l'embarras est d'employer toutes les ressources ordinaires et extraordinaires que vous pouvez affecter aux communications qui vous intéressent, C'est dans ce but que j'ai invité M. l'ingénieur en chef à porter dans sa situation, sur les années 1836, 37, 38 et 39, les divers travaux qu'il entend exécuter sur chacune de ces années.

Ma proposition consisterait à vous demander de voter en masse la totalité des fonds qui vous sont demandés pour les travaux neufs des routes départementales, au lieu de les répartir en sommes diverses, mais invariables, sur chacune des routes départementales.

Vous réserveriez ainsi à l'administration la même faculté que vous lui avez laissée pour les routes de grande vicinalité, et qui a produit de si bons effets en ce qui touche les indemnités de terrains et le concours des communes.

Vous lui réserveriez aussi la faculté d'employer sur une direction quelconque les fonds que des circonstances imprévues peuvent paralyser sur la route à laquelle ils ont été affectés.

MM. les ingénieurs seraient sévèrement tenus seulement de ne pas nous faire attendre les projets nécessaires pour exécuter sur chaque communication les travaux signalés dans la situation qu'ils nous présen-

tent ; et rien n'empêcherait, je crois, qu'en réunis-
sant sur le budget toutes vos routes départementales
par une accolade, au centre de laquelle serait établie
la somme totale affectée à ces travaux, nous exprimas-
sions, à côté de chaque route, les mètres courans de
chaussées portés par MM. les ingénieurs dans leur situation.

Ainsi donc, pour 1836, 7635 mètres seraient proposés pour la route de Ruffec à Jarnac.

4186 mètres pour celle de Pons à Merpins.

4536 *id.* pour celle de Barbezieux à Chalais.

7335 *id.* pour celle de Mansle à Séreilhac.

6658 *id.* pour celle de Confolens à Ruffec.

Si le classement de prolongement de la route de
Montmoreau venait à être déterminé, et que vous
voulussiez comprendre cette partie de route pour un
nombre de mètres quelconque, il pourrait être con-
venu et délibéré par vous qu'elle serait prise sur la
somme réservée à l'administration pour secours aux
communes qui s'imposent de grands sacrifices pour
s'embrancher à notre système, ou sur tout le reliquat
de fonds qui se trouverait disponible à une époque
quelconque de l'exercice prochain.

Ce qui vous paraîtra peut-être convenable, et ce
que j'ai l'honneur en tous cas de vous proposer, c'est
de demander à la fois le classement des deux directions
sur Chalais et sur Aubeterre ; ce qui ne vous empêcherait pas de décider, dès cette année, que la partie
des fonds départementaux dont il serait possible de
faire l'emploi en 1836, serait portée sur la direction
que la commission d'enquête a préférée à l'unanimité.

GRANDE VICINALITÉ.

En abordant le principal sujet de ma sollicitude et de la vôtre, le principal absorbant, aujourd'hui, de vos ressources ordinaires et extraordinaires, les routes de grande vicinalité, enfin, entreprises comme développement ou annexes de vos routes départementales et comme bases essentielles d'un système complet de vicinalité pour tout le département, je reconnais la nécessité de partir des dernières données constantes que je vous ai soumises à ce sujet, et par conséquent de mon rapport imprimé, inséré au n° 697 de mes actes administratifs, sous la date du 2 octobre 1833.

C'est ce même rapport que je vous adressai dans votre session de la même année, ouverte le 25 janvier et close le 31 du même mois.

Ce document contenait une situation de nos travaux, d'après laquelle 18 routes avaient été entreprises, et sur ces routes, 70721 mètres linéaires seulement de parties ouvertes ou terrassées et 54621 de chaussées terminées, avaient coûté au département 126693 fr. 36 c., et aux communes 36873 fr. 7c., soit en tout 163566 fr. 43 c.

La moyenne du prix des travaux exécutés s'élevait donc à cette époque à 2 fr. 73 c. en totalité, et à 2 fr. 6 c. pour la part afférente au département. Telles étaient les bases sur lesquelles nous dûmes calculer alors le montant des ressources nécessaires pour l'achèvement de cette première base du système de vicinalité qui pouvait entraîner l'exécution de dix autres routes, soit en tout 28; et de 405000 mètres de chaussées, dont 55000 étaient déjà achevés.

Je pressentis heureusement que la moyenne à la charge du département était susceptible d'augmentation, soit par le développement des travaux de l'arrondissement de Confolens , où la moyenne serait toujours très-élevée, attendu le terrain si accidenté qu'il faut y parcourir, et la rareté des matériaux de bonne qualité qu'exige la nature argileuse des terres ; soit par le ralentissement que nous avions à craindre dans le concours des communes qui pourraient trouver de jour en jour plus commode de laisser la plus forte partie de la dépense à la charge du département ; soit que les travaux de l'arrondissement de Ruffec, nécessairement plus restreints que ceux des autres arrondissemens, ou susceptibles de coûter davantage, vinssent à exercer désormais une influence moins favorable sur la moyenne du département ; soit enfin que dans tous les arrondissemens, ce qui est en effet arrivé, des parties de terrain plus difficiles à traiter, vinssent à se présenter.

Tels furent les motifs qui me portèrent à élever à 2 fr. 40 c. la moyenne probable de tous les travaux à la charge du département, ce qui supposait une moyenne de 3 fr. 7 c. pour la totalité de la dépense par mètre courant, puisqu'à cette époque la différence de la moyenne, à la charge du département, à celle du prix total, comprenant la participation des communes, était de 67 centimes.

Je me hâte de vous dire que cette prévision, en ce qui touche la totalité de la dépense, a été dépassée de 32 centimes par mètre ; mais je serais bien trompé si chacun de vous, Messieurs, n'arrivait pas avec la conviction que cette augmentation est complètement justifiée par l'amélioration considérable apportée dans les travaux depuis notre situation de 1833 ; amélioration qui n'était entrée pour rien dans nos prévisions ; car nul ne songeait à cette époque à faire mieux, et plus dispendieusement en conséquence, que ce qui avait été fait jusque-là.

Je vais d'ailleurs vous en produire les témoignages

incontestables, par des rapprochemens qui ne laisseront, je le pense, aucun doute dans vos esprits.

Les mètres cubes de terrassemens et les mètres linéaires de chaussée exécutés depuis notre situation du 30 juillet 1833, seront nécessairement les premiers élémens de conviction que j'aurai à vous présenter; car les terrassemens se multiplient, comme vous le savez, en raison de l'adoucissement des pentes; d'un autre côté, les fossés s'exécutent, non pas seulement comme perfectionnement du tracé de la route et comme moyen de conservation de ses dimensions, mais comme condition fondamentale de son entretien.

Point de route sans entretien en effet, et point d'entretien possible sans fossés.

A l'appui de mon raisonnement, quant aux terrassemens, je puis vous citer les routes royales et départementales qui, depuis 1830 particulièrement, s'exécutent chaque année avec de nouvelles améliorations, et offrent, en tout cas, un degré de perfectionnement auquel il serait non-seulement superflu, mais beaucoup trop coûteux de vouloir égaler nos travaux de grande vicinalité.

Or, sur 26126 mètres linéaires de routes royales exécutés de 1831 à 1835, se trouvent 251235 mètres cubes de terrassemens, c'est-à-dire dix fois environ autant de mètres cubes que de mètres linéaires de chaussée.

Sur 65928 mètres linéaires de chaussées exécutés en routes départementales dans le même intervalle, il y a eu 299329 mètres cubes de terrassemens, c'est-à-dire cinq fois autant de mètres cubes que de mètres linéaires.

Mais voici quelle était la proportion des mètres cubes de terrassemens et des mètres linéaires de chaussées exécutées par nos travaux de grande vicinalité arrêtés au 31 juillet 1833 :

54621 mètres linéaires de chaussées, et 100415 mètres cubes de terrassemens, c'est-à-dire deux fois seulement autant de mètres cubes que de mètres linéaires.

Selon notre situation au 1er juillet dernier, nous avions 172000 mètres de chaussées exécutées, et 534000 mètres cubes de terrassemens, c'est-à-dire trois fois autant de mètres cubes que de mètres linéaires.

Voici quelle était la proportion des fossés avec les mètres linéaires de chaussées exécutés en 1833, et ce qu'elle est en 1835 :

En 1833, 54621 mètres linéaires de chaussées, et 20000 mètres de fossés, c'est-à-dire 40 mètres de fossés par 100 mètres linéaires.

Au 1er juillet 1835, nous avons 172000 mètres linéaires de chaussées et 85000 mètres de fossés, c'est-à-dire 50 mètres de fossés par 100 mètres linéaires.

Cette augmentation s'est fait principalement sentir dans les arrondissemens d'Angoulême, où les terrassemens se sont élevés de deux à trois fois le nombre des mètres linéaires de chaussées ; dans celui de Confolens il s'est élevé de cinq fois et demie à six fois et demie ; mais dans celui de Ruffec surtout, où il n'était qu'au $^1/_5$ d'unité en 1833, et où il s'est élevé à 1 $^1/_5$ en 1835.

Vous le voyez, Messieurs, quant à la comparaison des moyennes des deux époques, en ce qui touche la totalité de la dépense pour un mètre linéaire de chaussée, l'augmentation des 32 c. sur nos prévisions, précédemment mentionnée, est plus qu'expliquée. Il suffirait en effet de déduire le montant de l'excédant des terrassemens de 1835 sur ceux de 1833, pour apprécier, sous ce seul rapport, l'augmentation de la dépense.

Or, si nous avions eu deux fois autant de mètres cubes de terrassemens en 1835 que de mètres linéaires exécutés, ainsi que cela avait lieu en 1833, nous n'aurions eu que 344000 mètres cubes de terrassemens, au lieu de

534000 que nous en avons eu en réalité. La différence serait donc de 190000 mètres, lesquels, calculés au prix moyen, évidemment trop bas de 35 c. par mètre cube, représentent une somme de 66500 fr., qui, divisés sur les 172000 mètres exécutés, représenteraient à eux seuls 38 c. environ d'augmentation.

Nous négligeons les 10 mètres par 100 de fossés exécutés en plus qui pourraient élever à 39 ou 40 c. cette différence ; mais l'augmentation du prix du mètre courant est évidemment encore atténuée par les travaux moins perfectionnés, et par conséquent moins coûteux, par lesquels on a commencé, d'où il faut nécessairement conclure que l'augmentation de quelques centimes pourrait encore se produire par le fait seul de l'amélioration des travaux déjà constatée.

Je vous l'avoue, Messieurs, un tel aperçu a quelque chose qui satisfait profondément l'administrateur qui a pu consentir à assumer sur lui une si grande responsabilité de surveillance. Les agens d'exécution et leurs livres n'y sont pour rien. Ce sont deux époques et deux situations qui comparaissent en regard l'une de l'autre. L'espace de deux années de travaux d'une si grande importance, et toujours croissante, aurait pu donner ouverture à quelques abus d'abord imperceptibles, mais toujours grandissans, par cela même que le prix en est réglé au fur et à mesure que ces travaux s'exécutent, et sur un tarif de prix dont les applications diverses auraient pu donner lieu à un progrès rapide dans la dépense, non justifié par les résultats.

Mais ici l'augmentation de la moyenne étant connue, les diverses natures de travaux étant constatées, et l'amélioration qui en résulte devant être au vu et su de tout le monde, le contrôle est encore plus moral que mathématique, et il n'en est que plus sûr.

L'amélioration des travaux est constante. Elle in-

dique visiblement une augmentation de dépense; aussi,
l'un de nos inspecteurs les plus capables d'apprécier le
côté financier de l'opération, M. Bellamy, l'un de vos
anciens collègues, qui a bien voulu se charger de l'inspection des travaux de la route d'Angoulême à Aigre,
en l'absence de M. Albert, m'exprime-t-il sa crainte
dans son rapport, que de tels résultats, si complets
d'ailleurs, si satisfaisans, n'augmentent considérablement la dépense. Ainsi donc, pour peu que l'abus eût
pénétré dans l'entreprise, cette amélioration, en le
couvrant, aurait puissamment servi à le grandir.

Vous le voyez pourtant, 32 c. d'augmentation;
mais aussi 190000 mètres cubes de plus de terrassemens
que n'en auraient comporté les travaux précédens; et
ces 190000 mètres cubes n'élèvent pas la proportion
des terrassemens aux mètres linéaires de chaussée, aux
$^3/_5$ de la proportion établie sur les routes départementales, et au $^1/_5$ de celle que jai mentionnée pour
les routes royales.

Mais encore une fois pourtant, cette augmentation
des terrassemens était-elle bien nécessaire, et vos routes en sont-elles réellement meilleures et d'une plus
haute valeur pour le pays?

Sur ce point, c'est toujours à votre témoignage que
j'en appellerai; lui seul peut être considéré comme
complet et décisif. Mais le plus grand nombre d'entre
vous, Messieurs, ne viennent-ils pas récemment de
fortifier toutes les considérations qui précèdent, d'un
acte décisif, en intervenant comme ils l'ont fait dans
la réception définitive des $^4/_5$ de nos travaux?

L'amélioration des travaux est donc réelle. Les terrassemens opérés expliquent bien cette amélioration.
Ces terrassemens n'ont pas étés portés à une quantité
exagérée. Ils n'ont donc pas été payés au-delà de la
moyenne prévue par les tarifs.

Voilà bien, ce me semble, les considérations positives qui résultent de ce rapprochement de faits et de chiffres, et qui vaut bien, je vous assure, le contrôle par les livres, sur lesquels deux mains différentes se suivent sans cesse, inscrivant exactement, jour par jour, et article par article, les mêmes chiffres de recette et les mêmes chiffres de dépense.

Mais encore pour exercer un tel contrôle faut-il avoir constamment sous les yeux la situation de tous ces travaux, divisés par nature, et exactement évalués en argent, d'après le tarif imposé à l'entrepreneur, de telle sorte que la moyenne de chacun d'eux et la moyenne totale puissent être chaque jour arrêtées au besoin, et chaque jour expliquées.

Or, tel est bien, vous le savez, le résultat obligé de notre comptabilité; car telle est bien la situation que chacun de nos commissaires-voyers doit être en mesure d'établir à tout instant. Quant à l'administration supérieure, elle se faisait représenter cette même situation tous les mois; elle ne l'exige plus maintenant que tous les deux mois, à cause du travail matériel nécessité par le développement qu'elle a pris. En voici une que je mets sous vos yeux; c'est celle du 1er juillet dernier, qui comprend toujours l'ensemble des travaux depuis l'origine, par arrondissement, par communication, par commune, et par diverses natures de travaux. (*Voir aux documens celle établie seulement par arrondissement, tandis qu'elle existe par route et par commune.*)

Une objection resterait cependant, et ce serait celle qui a déjà été faite l'année dernière sur le tarif lui-même de nos travaux. Ne comporte-t-il pas des prix trop élevés? N'obtiendrait-on pas de meilleurs résultats par l'adjudication?

L'adjudication a été essayée sur des parties de route de chaque arrondissement; les procès-verbaux de ces opérations sont sous vos yeux ; mais en voici en peu de mots les résultats (1).

L'épreuve justifiait donc bien ce que j'avais eu l'honneur de vous dire dans votre dernière session, qu'un seul entrepreneur de tous les travaux, ayant d'ailleurs des capitaux et un crédit suffisans, pouvait exécuter nos travaux avec plus d'économie pour le département qu'ils ne le seraient par de nombreux adjudicataires, par la raison toute simple qu'il n'avait jamais ses équipages, ses chevaux, ses brouettes, ses outils inoccupés; qu'il n'était pas contraint de s'en défaire avec perte quand une partie de route était achevée, et que payant exactement ses ouvriers, il les obtenait nécessairement à de meilleures conditions.

Nous avons dû au même système d'autres avantages non moins précieux : les mains toujours nanties d'un cautionnement considérable, l'unité et l'activité des travaux, leur perfectionnement successif surtout.

Aurait-il fallu cependant préférer à ce dernier avantage une dépense un peu moindre?

Je ne l'ai pas pensé, et aucun de vous ne l'a pensé non plus, aucun de ceux du moins qui ont bien voulu se charger des parties de routes qui traversent leur canton, et qui ont pris ou pu prendre part, conformément à mes instructions, aux divers réglemens de l'entrepreneur par MM. les commissaires-voyers.

Quel est celui de vous, au contraire, qui, en voyant se développer nos travaux avec le degré de perfection qu'ils ont acquis maintenant, n'ait ressenti quelque

---

(1) Le résumé des procès-verbaux atteste que, sur cinq adjudications publiques, une n'a produit que des augmentations sur le tarif en vigueur, une n'a provoqué aucune offre, et trois seulement ont été adjugées au prix des tarifs portés dans mes instructions.

regret de ne pas les avoir vu commencer comme ils se continuent, et qui n'ait compris toute l'importance de ces communications ainsi exécutées.

Mais nous comparions, en commençant, l'ancien chemin vicinal à celui qui lui était substitué, et l'amélioration nous paraissait immense ; elle l'était en effet ; et si je mettais ici sous vos yeux les expressions enthousiastes avec lesquelles l'un de nos maires les plus distingués, aujourd'hui membre du conseil d'arrondissement d'Angoulême, m'accueillait en 1833, sur la rampe, un peu raide encore, à l'aide de laquelle nous franchissions une bute qui précède le chef-lieu de canton qu'il administre, avec les plaintes qu'il m'a adressées depuis sur la déclinaison un peu trop sensible en effet de cette partie de route, vous auriez peine à croire que les deux discours s'appliquent à la même localité ; mais c'est qu'alors nous comparions nos chaussées de grande vicinalité au vieux chemin vicinal, et qu'aujourd'hui nous les comparons aux routes départementales, aux routes royales elles-mêmes.

Nous demandions alors une communication viable et solide entre le chef-lieu du canton de Montbron et le chef-lieu du département. Aujourd'hui c'est une belle route de commerce ouverte au roulage, aux diligences, à la poste même, dont les pentes n'excéderont pas cinq centimètres, comme sur les routes royales, et qui offrira le trajet le plus court de La Rochelle à Limoges, qu'on réclame. Comment espérer sans cela, nous dit-on, que toutes ces voitures préfèrent jamais la route arrondissementale par Montbron à la route royale depuis long-temps ouverte sous l'administration de notre célèbre Turgot, par Larochefoucauld et Chabanais ?

Il ne faut pas sans doute, Messieurs, que nos travaux manquent de solidité, et que leur imperfection, sous

un rapport quelconque, puisse en atténuer les effets
utiles au point de mettre en doute le bon emploi des
fonds considérables que vous y affectez; mais il faut se
garder aussi, je crois, de l'exagération contraire ; car
sans cela vous entreriez dans un tout autre système de
dépense, vous multiplieriez les difficultés déjà assez
grandes que rencontrent les cessions gratuites de terrains, toutes les fois surtout que le chemin change
d'assiette, et vous ajourneriez indéfiniment, à défaut
de ressources suffisantes, l'achèvement du large canevas qui doit servir de base et de moyen d'exécution au
système complet de vicinalité que vous avez en vue.

Vous pouvez espérer au contraire d'en atteindre l'accomplissement dans un temps très-court, si vous vous
hâtez de tendre vers vos 450 communes les trente à
quarante bras vigoureux que vous ajoutez à vos 14
routes royales et départementales, pour vous appro-
cher le plus possible de chacune d'elles, et ne plus
laisser à leurs seuls efforts qu'une tâche proportionnée
à leurs facultés.

Mais n'avez-vous pas lieu de craindre déjà que la
dépense qui vous attend pour achever les routes commencées, ne dépasse toutes les prévisions, et n'excède
toutes les ressources évaluées déjà ou possibles ?

Je vous dois à cet égard un exposé complet de votre
situation.

Nous avions 18 routes commencées en 1833; elles
sont dénommées au budget de 1834.

Nous pouvions les porter à 28, en restant dans la
limite des 350000 mètres linéaires de chaussées qui
pouvaient encore être exécutés, et en leur attribuant
une somme de 824796 fr. sur les ressources ordinaires et
extraordinaires que le département possédait, ou dont
il s'était assuré.

C'était dans ces limites rigoureuses que l'administra-

tion et les commissions mixtes de chaque arrondissement devaient se renfermer; mais ce cercle une fois
tracé, l'administration pouvait, devait même agir
librement, pour porter les travaux sur les points où
elle trouverait le plus de concours, en y comprenant,
au besoin, les routes nouvelles qu'il avait été dans sa
prévision d'ajouter aux 18 qui se trouvaient déjà commencées à cette époque.

Aujourd'hui 35 routes figurent sur notre situation.
172000 mètres linéaires de chaussées y ont été exécutés, sur les 350000 mètres qui étaient entrés dans nos
prévisions en 1833. — Ils ont dû coûter au département, en leur appliquant la moyenne de la dernière
situation, 2 fr. 82 c. par mètre courant, la somme
de. . . . . 329940 f.

Il nous resterait donc à y dépenser. 491856

pour absorber les. 821796
qui avaient été particulièrement affectés à cette partie
des communications projetées, soit pour exécuter les
233000 mètres courans de chaussées qui sont à confectionner, comme complément des 350000 mètres également exprimés dans les susdites prévisions.

Or, les 35 routes mentionnées sur notre situation,
et 6 autres que MM. les sous-Préfets font figurer maintenant sur leurs projets comme ayant été également
désignées par les commissions, présentent un développement de 396000 mètres linéaires restant encore à
exécuter, et une perspective de dépense de 984000 fr.,
en supposant que la moyenne actuelle ne se réduisît
point, ou ne vînt pas à augmenter.

Vous le voyez, Messieurs, je ne dissimule rien d'une
pareille situation; je m'efforce même d'en faire ressortir toute la signification par des rapprochemens aussi
exacts que sincères, afin précisément que votre atten-

tion s'y attache, et que des délibérations précises dont il ne serait plus possible ni aux commissions dont vous faites partie, ni à l'administration qui doit rester responsable, de s'écarter, fixent enfin tous les doutes qui pourraient encore rester à cet égard.

Heureusement le mal n'est pas grand. — Le remède est encore facile. — Nous entrions seulement dans une voie dangereuse. — Je m'en suis aperçu à temps, grâce au puissant régulateur que j'ai toujours sous les yeux, et qui se remonte exactement tous les deux mois. — Une somme de 25 à 30000 fr, au plus aura été dépensée sur des communications qu'il serait difficile de faire participer à la distribution des 350000 mètres linéaires que nous supposions avoir à exécuter en 1833. — Si quelques arrondissemens ont dépensé au-delà du prorata de leur contingent sur l'exercice courant, aucun d'eux, tant s'en faut, n'a encore excédé le contingent total qui lui doit revenir. — Il est donc encore possible de rester, ou à peu près, dans les limites prévues, sauf l'augmentation du coût des travaux dont je vous ai entretenus précédemment. — Qui sait même si, par une étude plus approfondie de nos ressources, et par les nouveaux élémens de produits qu'auront créés nos économies, ou qui vont résulter nécessairement d'autres travaux achevés, ou dont une loi impatiemment attendue vous permettrait de disposer, puisque jusqu'ici vous n'avez recouru à aucune imposition nouvelle sur le département, pour suffire à ces dépenses extraordinaires et si productives; qui sait, dis-je, si je ne parviendrai pas à vous convaincre qu'à tout cet excédant de travaux sur nos prévisions, nous pouvons suffire ; et que si les intérêts départementaux, si éclairés aujourd'hui sur l'immense valeur de ces communications, et si impatiens d'en jouir, ont pu vous entraîner dans vos arrondissemens respectifs à

étendre aussi largement le cercle de nos dépenses, il
n'est pas au-dessous des ressources départementales,
ni des efforts de l'administration, de répondre à tous
les vœux que ces intérêts ont fait entendre? — Mais
que je vous dise d'abord comment nous étions sortis,
ou nous allions sortir de ces limites.

Par mon arrêté du 18 septembre dernier, je crus devoir répartir entre les divers arrondissemens, au prorata des quatre contributions directes qu'ils supportent,
conformément à votre délibération du 14 juillet dernier, la somme de 846812 fr. qui paraissait alors disponible sur l'ensemble des ressources ordinaires et
extraordinaires que vous deviez affecter durant cinq
années aux travaux de grande vicinalité, prélèvement
fait d'un fonds commun de 100000 fr. dont vous
aviez laissé la distribution à l'administration, prélèvement fait aussi de ce qui était dû extraordinairement
à l'entrepreneur sur les travaux de 1834, et après avoir
mis à part également la somme nécessaire à cette époque pour l'achèvement des routes départementales.

Vous remarquerez ici, Messieurs, deux choses essentielles :

1º Que la situation des ouvrages exécutés n'était déjà
plus la même qu'en 1833, puisqu'au lieu de 55000
mètres de chaussées exécutés à cette époque, nous en
avions, au 18 septembre 1834, 113812 mètres ;

2º Que la disposition que vous aviez prise relativement
à la répartition de la somme affectée à ces travaux s'ef-
fectuait, ainsi que vous l'aviez entendu, pour les travaux
à venir seulement, tous ceux exécutés jusqu'à ce jour
devant profiter aux arrondissemens dans lesquels ils
avaient été exécutés.

Ce fut par ce même arrêté que MM. les membres du
conseil-général de chaque arrondissement furent chargés de répartir le contingent qui leur était affecté sur

les routes de grande vicinalité, qui leur paraîtraient les plus utiles et les plus susceptibles d'être achevées à l'aide de ce contingent et du concours des communes, laissant toujours en dehors la part du fonds commun auquel chaque arrondissement pourrait avoir droit, lorsque ses besoins et ses travaux permettraient d'apprécier ce droit le plus équitablement possible.

Mais il advint que les commissions de chaque arrondissement, sauf la commission de l'arrondissement d'Angoulême, supposèrent que c'était sur toutes les routes qui leur paraîtraient les plus utiles, sans avoir égard à la possibilité de les achever avec cette allocation, qu'elles devaient répartir leur contingent respectif.

Aussi s'occupa-t-on essentiellement de satisfaire les divers intérêts dont chacun de MM. les membres de la commission s'étaient constitués les interprètes, et chaque canton, à une ou deux exceptions près cependant, se trouva ainsi avoir sa part dans le contingent de l'arrondissement.

MM. les sous-préfets, pendant mon absence en décembre et janvier dernier, crurent pouvoir autoriser un commencement de travaux sur les diverses routes désignées par les commissions, et c'est ainsi que tout-à-coup, à mon retour, je vis figurer 35 routes sur la première situation qui me fut présentée, au lieu des 24 qui figuraient sur la situation du 1er septembre 1834.

Je dus arrêter à l'instant même les travaux commencés sur ces communications nouvelles, et recommander à chaque sous-préfet de concentrer tous nos fonds disponibles pour l'exercice 1835, sur les 24 routes qui avaient servi de base à la répartition déterminée par mon arrêté du 18 septembre 1834.

Or, ces 24 routes présentent un parcours total de 329386 mètres, sur lesquelles, au 1er juillet dernier, 151248 mètres linéaires étaient exécutés, et 178168 mètres linéaires par conséquent étaient à exécuter encore pour leur entier achèvement.

A ces 329386 mètres, nous en pouvions ajouter au plus, par conséquent, 75614 mètres pour compléter les 405000 mètres qui figuraient dans nos prévisions de 1833.

Mais les routes ajoutées aux 24 ci-dessus mentionnées par les projets de MM. les sous-préfets, offrent un parcours total de 206430 mètres; je vais les mentionner, du reste, en fixant leur parcours total, les mètres linéaires exécutés sur chacune d'elles, ceux qui restent à exécuter, la dépense faite et l'évaluation de celle qu'elles occasionent encore :

(Voir le tableau d'autre part.)

ETAT

Des 48 Routes ajoutées par les Commissions aux 24 projetées en 1833.

ARRONDISSEMENS.	NOMS DES ROUTES.	PARCOURS TOTAL.	MÈTRES EXÉCUTÉS.	MÈTRES à EXÉCUTER.	DÉPENSE FAITE sur les fonds départementaux, au 1er juillet.		DÉPENSE PRÉSUMÉE pour l'achèvement.	
ANGOULÊME.	De Lavalette à Châteauneuf	28000	»	28000	»		87500 fr.	»
	De Larochefoucauld à l'Arbre	9000	500	8500	2470 fr.	50	20500	»
	Total	37000	500	36500	2470	50	88000	»
BARBEZIEUX.	De Barbezieux au Pas-de-Laroche	4945	»	4945	2254 fr.	43	»	
	De Baignes à Montendre	4840	440	4400	2760	»	»	
	De Baignes à Brossac	17158	1580	15578	8336	57	23500	»
	De Chalais à Aubeterre	11117	224	10893	1652	2	9077	»
	De Barbezieux à Blanzac	8989	»	8989	464	90	11236	»
	De Montmoreau à Saint-Severin	15463	»	15463	»		21000	»
	De Montmoreau à Salles	16668	»	16668	»		16000	»
	Total	76180	2244	73936	10461	92	80813	»
COGNAC.	De l'Echassier à la grande route	1200	»	1200	»		400	»
	De Cherves à Migran	4000	1000	3000	»		12200	»
	De Segonzac à Barbezieux	14858	2791	12069	8895	80	38850	»
	De Cognac à Macqueville	14000	2640	11360	13430	85	33640	»
	De Cherves à Matho	5000	2000	3000	»		18000	»
	De Châteauneuf au Pont-à-Brac	8000	1150	6850	3848	56	20920	»
	Total	47058	9581	37479	26175	31	124010	»
CONFOLENS.	De Larochefoucauld à Rochechouart	17000	»	17000	»		»	
	De Mansle à Fontafy	9600	»	9600	»		19200	»
	Total	26600		26600	»		19200	»
RUFFEC.	De Mansle à Saint-Claud	19592	»	19592	5519	29	36000	»
	Total	19592	»	19592	5519	29	36000	»

RÉCAPITULATION.

	PARCOURS TOTAL.	MÈTRES EXÉCUTÉS.	MÈTRES à EXÉCUTER.	DÉPENSE FAITE		DÉPENSE PRÉSUMÉE	
Angoulême	37000		36500	2470	50	88000	»
Barbezieux	76180	2244	73936	10461	92	80813	»
Cognac	47058	9581	37479	26175	31	124010	»
Confolens	26600	»	26600	»		19200	»
Ruffec	19592	»	19592	5519	29	36000	»
Total	206430	12325	194107	44627	02	348023	»

Vous apercevez ainsi clairement ce qui serait resté dans les limites que nous nous étions proposées, ce qui en est sorti et ce qui pouvait s'en écarter encore.

Ainsi donc, dans le premier cas, il nous resterait, sur les 24 routes, 178168 mètres à exécuter, et 75614 mètres au plus à y ajouter pour compléter les 405000 mètres de nos prévisions, soit en tout 253782 mètres, représentant, pour le département, à 2 fr. 80 c. le mètre, une somme de 710589 fr.

Et pour exécuter les 18 routes en plus que les commissions ont désignées, soit en tout 42, il faudrait ajouter les 206430 mètres dont se compose le parcours total de ces 18 routes, moins les 75614 mètres qui ont déjà été ajoutés au parcours des 24 routes, c'est-à-dire 130816 mètres, représentant, à 2 fr. 80 c., une dépense de 366284 fr. 80 c., soit en tout 1076873 fr.

La différence d'un système à l'autre est donc précisément de cette somme de 366284 fr., sur laquelle une somme de 44627 fr. seulement se trouvait dépensée au 1er juillet dernier.

Ce ne serait donc plus à 821796 fr. que se trouveraient évalués, comme en 1833, nos travaux de grande vicinalité, mais à 1188080 fr.

Mais aussi auriez-vous 42 routes exécutées, au lieu de 28, et 536816 mètres de chaussées, au lieu de 405000.

Cette situation, considérée sous le rapport financier, ne se présente pas sous un aspect aussi disproportionné avec mes prévisions.

Ce n'est, en réalité, qu'au 1er septembre 1834 que commence l'époque financière, durant laquelle les 821796 fr. que nous avions compris dans nos prévisions pour l'exécution des 350000 mètres, complément de 405000 projetés, doivent s'accumuler. Or, à cette époque, 63000 mètres sur les 350000 avaient été exécutés, de telle sorte que, pour compléter les 405000 d'abord arrêtés, nous n'aurions plus besoin, même à 2 fr. 80 c. le mètre, que de 815320 fr. sur les 821706 fr affectés à la première tâche que nous nous étions imposée.

Si nous voulons, au contraire, assurer l'exécution des 536000 mètres dont se composent les 42 routes désignées par les commissions mixtes, nous venons de voir que c'est une somme de 366284 fr. que nous devons ajouter à celle de 821796 fr. prévue en 1833, et que doivent en effet nous produire nos ressources ordinaires et extraordinaires, telles que nous les avons alors évaluées, prélèvement fait d'une somme de 1300000 fr. pour les routes départementales.

Quoi qu'il en soit, Messieurs, ce ne sera pas un temps d'arrêt, et encore moins un mouvement rétrograde que vous m'entendrez vous conseiller dans cette situation.

Les 42 routes de grande vicinalité ont été l'expression libre et spontanée des vœux de toutes les commissions d'arrondissement. Eh bien! les 42 routes doivent être exécutées, et je ne désespère pas de vous faire partager la confiance que nous pouvons les exécuter, les terminer même pour la plupart, en 1836 et 1837, sans recourir à un nouvel emprunt, sans surcharger le département d'aucune imposition nouvelle, sauf tout au plus une partie de celle dont la nouvelle loi proposée sur les chemins vicinaux autorisera l'emploi, l'année prochaine, dans tous les départemens de la France, sans affaiblir les moyens d'exécution que vous avez réservés pour vos routes départementales, sans porter la moindre atteinte enfin aux garanties que vous avez affectées à votre emprunt.

Mais ici c'est sur des évaluations étudiées et calculées dans chaque localité, d'après les travaux qui y ont été exécutés, c'est enfin sur l'appréciation exacte de nos ressources connues pour 1836 et 1837, que j'ai voulu vous offrir le tableau du balancement de nos ressources certaines avec nos dépenses probables.

Ainsi donc, après avoir assuré le service de 1835, j'ai invité chaque sous-préfet à me présenter, concurremment avec les commissaires-voyers de chaque arrondissement, l'aperçu aussi approximatif que possible des fonds départementaux absolument nécessaires sur chacune des 42 routes en question, pour les terminer toutes en 1836 et 1837.

Voici ce tableau par exercice et par arrondissement.

PROJET DE BUDGET

DRESSÉ D'APRÈS LES PROPOSITIONS DES COMMISSAIRES-VOYERS,

POUR L'ACHÈVEMENT DES ROUTES ARRONDISSEMENTALES

EN 1836 ET 1837.

ARROND.	ROUTES.	1836.	1837.
ANGOULÊME.	De Dignac au Pas-de-Fontaine...	23441	
	D'Angoulême à Nontron........	35589	
	De Larochefoucauld à l'Arbre.,.	20500	
	De Roüllet au Moulin-Journaux..	17591	17591
	D'Angoulême à Montbron.......	20000	9832
	De St-Cybardeaux à Chasseneuil.	20000	12038
	D'Angoulême à Aigre..........	30000	50135
	De Lavalette à Châteauneuf.....	30000	37500
		197121	127096
BARBEZIEUX.	De Barbezieux à Aubeterre	20475	
	De Chalais à Aubeterre	9077	
	De Baignes à Brossac..........	12500	11000
	De Barbezieux à Blanzac.......	11236	
	De Montmoreau à St-Séverin....	12000	9000
	De Montmoreau à Salles........	10000	6000
		75288	26000

ARROND.	ROUTES.	1836.	1837.
COGNAC.	De Veillard à Châteauueuf......	5900	
	De Cognac à Segonzac.........	12000	
	De Cognac à Macqueville.......	20825	12825
	De Cherves à Matha...........	14200	6800
	De Segonzac à Barbezieux	27300	14650
	De Châteauneuf au Pont-à-Brac..	10620	10300
	De Bassac à la grande route.....	3400	
	De l'Echassier à la grande route..	400	
	De Cherves à Migrau..........	4200	5000
	De Foussignac à Jarnac........	5300	
		101145	46575
CONFOLENS.	De St-Cybardeaux à Chasseneuil.	6000	
	De Montrollet à Confolens......	30000	
	De Brigueuil à Confolens.......	25400	
	De Mansle à Fontafy..........	9600	9600
	De Montembœuf à Confolens....	23800	23800
	De l'Arbre à Rochechouart	20400	20400
	De Chasseneuil à Montembœuf...	4000	
	De Chabanais à Confolens	20000	
	De Chabanais à Rochechouart...	6400	
		145600	53800
RUFFEC.	De Ruffec à Civray	3500	
	De Ruffec à Melle.............	12000	
	De Mansle à Saint-Claud.......	20000	16000
	De Villefagnan à C.-d'Argenson..	12000	8000
	D'Aigre à Mansle.............	15000	15000
		62500	39000

RÉCAPITULATION.

	1836.	1837.
Angoulême.................	197121	127096
Barbezieux.................	75288	26000
Cognac....................	101145	46575
Confolens	145600	53800
Ruffec....................	62500	39000
	581654	292471

Il en résulte, comme vous le voyez, que nous aurions à affecter aux travaux de grande vicinalité, en 1836, une somme de 581654 fr., et en 1837 une somme de 292471 fr. ; ensemble 874125 fr.

M. l'ingénieur en chef ne pouvant marcher aussi vîte que nous, a distribué l'exécution de sa tâche sur les années 1836, 1837, 1838 et 1839.

Il nous demande en 1836, pour exécuter 26350 mètres, une somme de 260048 fr. 83 c. ;

En 1837, pour exécuter 18434 mètres, une omme de 238094 fr. ;

En 1838, pour exécuter 27021 mètres, une somme de 271212 fr. ;

En 1839, pour exécuter 19749 mètres, une somme de 220160 fr. ;

Soit en tout pour 118034 mètres, qui resteront à exécuter après 1835 pour terminer toutes nos routes départementales, une somme totale de 989514 fr.

Or, évidemment ces évaluations sont exagérées, car voici l'aperçu des travaux de même nature exécutés dans les trois dernières années :

En 1833, 15138 mètres ont coûté....	113373 fr.
En 1834, 32125 mètres ont coûté....	131996
En 1835, 10510 mètres ont coûté....	69682

Soit en tout 57773 mètres qui ont coûté. 315051 fr. c'est-à-dire 5 fr. 45 c. le mètre. Mais, appréciant même à 6 fr. le mètre les parties de routes que M. l'ingénieur propose d'exécuter dans les années 1836, 1837, 1838 et 1839, soit en tout 118034 mètres, il y aurait à réserver pour ce service une somme de 708204 fr., et pour les années 1836 et 1837, 158100 fr. et 110604 fr.

Ainsi donc, pour tous les travaux de vicinalité se composant maintenant de 42 routes à exécuter en 1836 et 1837, une somme de 874125 fr., et pour toutes les routes départementales à exécuter en 1836, 1837, 1838 et 1839, celle de 708204 fr.

Les deux sommes à assurer pour les deux services, en 1836, seraient donc :

Grande vicinalité.	581654 fr.	»
Routes départementales.	158100	»
Soit en tout.	739754	»

EN 1837.

Grande vicinalité	292461 fr.	»
Routes départementales	110604	»
Soit en tout.	403075	»

Nous pouvons, Messieurs, faire face à ces dépenses de la manière suivante :

EN 1836.

Sur les centimes facultatifs.	65323 fr.	»
— centimes ordinaires.	32521	»
— produits de l'imposition extraordinaire.	97910	»
— emprunts	600000	»
Soit en tout.	795754	»
A déduire l'intérêt de l'emprunt . . .	56000	»
Il reste.	739754	»

EN 1837.

Mêmes ressources ordinaires qu'en 1836, sur les centimes facultatifs.	65323 fr.	»
Centimes ordinaires.	10873	»
Imposition extraordinaire.	97910	»
Emprunt.	300000	»
Soit en tout.	474106	»
A déduire l'intérêt de l'emprunt. . .	71031	»
Il reste.	403075	»

J'ai laissé tout-à fait de côté l'économie réalisée sur le service des enfans trouvés, mon intention étant de vous en proposer l'affectation, pour la plus grande partie, aux routes non comprises dans celles dont nous venons d'assurer l'exécution, et pour lesquelles les communes ou les particuliers seraient disposés à s'imposer la plus grande partie de la dépense.

Parmi celles qui peuvent être le plus prochainement dans ce cas, je puis vous citer le prolongement de la ligne vicinale d'Angoulême à Montbron, vers l'Arbre; celle de Lavalette à Montmoreau qui se compléterait naturellement de celle de l'Arbre à Montbron et de Montbron à Lavalette, formant ainsi la plus belle ligne vicinale du département, puisqu'elle se rattacherait à celle déjà établie entre Confolens et Montembœuf et à la route départementale d'Angoulême à Montmoreau qui doit se prolonger jusqu'à Libourne, ce qui présenterait la communication la plus directe de Confolens, St-Claud, Chabanais, Chasseneuil, Larochefoucauld, Montbron, Marthon et Lavalette, avec Bordeaux; les embranchemens de Chalais et Brossac, au Moulin-Journaux où doit s'arrêter la ligne de Roullet et Chateauneuf, sur Libourne; un embranchement de la route royale de Périgueux à celle de Montmoreau à Angoulême, et à celle du Pas-de-Fontaine à Chateauneuf, partant de Larochebeaucourt et aboutissant à Lavalette; une courte communication d'Aigre à Grosbot, sur la route de La Rochelle à Angoulême, et enfin une ligne intermédiaire entre la route royale de Périgueux à Angoulême et la route vicinale d'Angoulême à Nontron, partant de Combiers, traversant les communes de Charras, Vouthon, Sers, et venant aboutir à la chapelle Saint-Roch, sur cette dernière route.

Il existe en effet sur ces diverses communications des communes et des propriétaires si pénétrés des avantages d'une bonne viabilité, que de grands sacrifices y sont déjà arrêtés et préparés pour en hâter l'exécution. — Les communes entre Combiers et Charras particulièrement ont déjà demandé à s'imposer extraordinairement à 20 c. répartis sur 4 années, et offrent en outre des prestations et des souscriptions particulières.

Ce sont là des dispositions que vous jugerez convenable d'encourager, car c'est par elles que vous devez arriver rapidement au plus grand développement possible de votre système de vicinalité.

Je ne porte pas plus loin mes prévisions pour les parties de routes départementales qui resteraient à exécuter après l'année 1837. Il serait d'ailleurs trop hasardé d'arrêter des chiffres si long-temps à l'avance; il vous suffira sans doute de reconnaître qu'une fois nos grands travaux de vicinalité achevés, le département pourra suffire sans difficulté aux charges qui lui resteront soit pour achever les routes départementales, soit pour entretenir, en ce qui touche la main-d'œuvre, les routes de grande vicinalité, soit pour commencer, à partir de 1839, le remboursement de son emprunt.

Sans entrer à cet égard dans de grands développemens, je puis cependant vous faire remarquer que trois élémens de produits sur lesquels vous n'aviez pas compté pour assurer la liquidation de votre emprunt vous offrent en réserve un surcroît de ressources qui doit compléter votre sécurité; savoir :

L'économie sur le service des enfans trouvés (60000 f. par an);

Les centimes que vous appliquez au cadastre, dont les opérations seront terminées en 1838;

Les centimes que vous serez autorisés très-probablement dès l'année prochaine à percevoir pour concourir avec les communes aux travaux de vicinalité, et dont le produit viendrait remplacer d'autres ressources que vous appliquèriez alors ou à votre libération, ou à l'entretien de vos routes.

Mais quoi qu'il en puisse être, et alors même que vous consentiriez à laisser subsister la part que chaque commission s'est faite à elle-même, vous désirerez savoir probablement dans quelle proportion le fonds départemental se répartit ainsi, en 1836 et 1837, sur chaque arrondissement.

J'en ai fait le compte après coup et tout en dictant ce qui précède, — Vous aurez d'ailleurs remarqué que les nouvelles routes demandées par les commissions, et les budgets présentés par les sous-préfets n'avaient été inspirés que par les intérêts arrondissementaux, sans beaucoup d'égards, au moins, à la proportionnalité voulue entre les arrondissemens.

Mais il s'est trouvé, Messieurs, que la répartition de la somme de 874125 fr. portée aux projets de budget des travaux de grande vicinalité pour 1836 et 1837, telle qu'elle résulte des propositions de chaque sous-préfet et du commissaire-voyer d'Angoulême, est précisément telle que l'aurait établie la plus rigoureuse application de votre délibération de juillet dernier, d'après laquelle chaque arrondissement devait obtenir une part du fonds commun proportionnée à ses 4 contributions directes, sauf un fonds de réserve de 100000 f. que vous aviez autorisé l'administration à répartir elle-même entre les arrondissemens, suivant les besoins plus ou moins disproportionnés de chacun d'eux avec les impôts qu'il supporte.

Voici en effet la répartition de cette somme en raison des contributions directes de chaque arrondissement, et en regard de celle qui résulte des propositions des sous-préfets.

Arrond. —	4 contributions. 3634232 fr. —		Somme à répartir d'après les 4 contributions. 872927 —	Propositions des sous-préfets. —
Angoulêmo..	1401335	38 p. %	330000	323417
Barbezieux..	550987	14	124000	100890
Cognac,....	651617	19	165000	147720
Coufolens...	529761	15	129000	199400
Ruffeo......	497931	14	124000	101500
	3634232	100	872000	872927

Mais cette disproportion que vous pourriez redouter
dans la distribution du bienfait sur tout le département,
n'existerait-elle pas quant au passé? et si elle existait,
n'y aurait-il pas lieu à en demander le correctif à l'a-
venir ?

S'il en était ainsi, vous vous rappelleriez, Messieurs,
qu'à l'époque de votre délibération du 14 juillet dernier, cette question fut agitée devant vous, et que le
résultat de la discussion fut de consacrer les faits accomplis, et de ne disposer que pour l'avenir.

Mais, Messieurs, j'ai pressenti votre préoccupation
à ce sujet, et j'ai porté sur le passé, jusqu'au 1er juillet
dernier, le même niveau que nous venons d'employer
à mesurer l'avenir pour chaque arrondissement.

Or, au 1er juillet dernier, suivant la situation générale que je mets sous vos yeux, nous avions exécuté
pour tout le département 166786 mètres ; car il faut
déduire de la situation générale les 5351 mètres exécutés comme route départementale sur la communication projetée de Confolens à Ruffec. Vous allez voir par
le tableau qui suit comment ce parcours total se trouve
distribué entre chaque arrondissement, soit quant au
nombre de mètres de chaussées exécutées dans chacun
d'eux, soit quant à la dépense qu'ils y out occasionée
en raison de leur prix moyen respectif, soit quant à la

proportionnalité comparative de cette dépense avec celle qui résulterait de sa répartition, en raison de la quotité contributive des quatre contributions directes de chaque arrondissement.

ARRONDISSEMENS.	MÈTRES linéaires.	PRIX moyens du mètre.	DÉPENSE RÉELLE.	QUOTITÉ contribu- tive.	CONTINGENT proportionnel d'après les contributions.	AUGMENTATIONS ET DIMINUTIONS sur le contingent proportionnel.	
						Augmentations.	Diminutions.
		fr. c.	fr. c.		fr. c.	fr. c.	fr. c.
Angoulême	58823	2 70	158822 10	38 p.°/₀	178523 24	»	19701 14
Barbezieux.....	30310	2 39	72440 90	14	65771 72	6669 18	« »
Cognac........	28912	3 44	99457 28	19	89261 62	10196 66	» »
Confolens......	30022	3 60	108079 20	15	70469 70	37609 50	» »
Ruffec........	18719	1 64	30999 16	14	65771 72	» »	34772 56
Total.....	166786		469798 64		469798 »	54475 34	54473 70

Vous le voyez encore, quant au passé lui-même que vous aviez consacré avec toute l'irrégularité dont vous le supposiez frappé, ce ne sont que de faibles différences qui existent entre les sommes dépensées par chaque arrondissement, et celles qui leur eussent été affectées par la mesure de répartition que vous avez depuis adoptée par votre délibération du 14 juillet 1834.

L'arrondissement de Ruffec seulement n'avait dépensé, à la fin de la première époque, que la moitié environ de la somme qui aurait pu lui revenir, d'après la quotité de ses contributions; mais je ne dois pas omettre de vous faire remarquer qu'il est un laps de temps, non encore apprécié, dans les deux aperçus que je viens de vous présenter, c'est celui qui s'écoule en ce moment, du 1er juillet dernier au 1er janvier 1836; et Ruffec, durant cette époque, regagne la plus grande partie de son terrain perdu par la belle route de Mansle à Saint-Claud, sur laquelle les travaux sont poussés en ce moment avec la plus grande activité.

D'ailleurs, Messieurs, veuillez jeter les yeux sur les tableaux que j'ai fait dresser quant à la portée, dans chaque arrondissement, des communications exécutées ou qui doivent l'être.

Non-seulement ils vous présenteront l'intéressant aperçu de la valeur vivifiante répandue sur le sol par chaque catégorie de route, mais le résultat acquis à chaque arrondissement par l'ensemble du système; et vous reconnaîtrez que l'arrondissement qui a le plus dépensé, proportion gardée, est loin encore d'être celui qui est le plus vivifié.

Sur 143 communes, les routes royales, départementales et de grande vicinalité en traversent 82 dans l'arrondissement d'Angoulême; 26 sur 70, dans l'arrondissement de Confolens; 29 sur 83, dans l'arrondissement de Ruffec ; 50 sur 82, dans l'arrondissement de Barbezieux ; 42 sur 70, dans l'arrondissement de Cognac.

Appliquant ensuite le même aperçu à toutes les communes du département, vous verrez que les routes royales ont commencé par aboutir au bourg de 70 communes, que les routes départementales ont porté ce nombre à 115, et les routes arrondissementales à 234.

Vous verrez figurer sur les mêmes tableaux le nombre de communes dans chaque arrondissement, qui se trouvent de 0 à 500 mètres, de 500 à 1,000, de 1,000 à 2,000, de 2,000 à 4,000, et de 4,000 à 6,000 mètres et au-dessus, d'une route complètement viable.

J'ai même fait dresser un tableau séparé pour chaque arrondissement, des diverses classifications de cette nature qui correspondent aux routes royales, départementales et de grande vicinalité.

En résumé, la distance moyenne de toutes les communes du département, à une des routes exécutées ou en voie d'exécution, se trouve ainsi déterminée pour chaque arrondissement.

Dans l'arrondissement d'Angoulême, elle est de...　715 mètres.
Dans l'arrondissement de Barbezieux, de.........　1222
Dans l'arrondissement de Cognac, de.............　1830
Dans l'arrondissement de Confolens, de..........　2175
Dans l'arrondissement de Ruffec, de.............　3173

Vous voyez si, sous ce rapport, il n'importe pas de mener à fin toutes les routes commencées ou désignées par les commissions d'arrondissement.

Nous allons enfin obtenir dans la première session, il faut l'espérer, la loi sur les chemins vicinaux, qui a déjà si gravement occupé le gouvernement et les deux chambres, et tout annonce que sa puissante action répondra à la grandeur et à l'utilité des travaux dont elle doit régir le développement.

Vous aurez vu avec satisfaction, Messieurs, que le

dernier projet de loi du gouvernement, élaboré dans la réunion de la commission de la chambre des députés, et celle formée par le Ministre, a enfin consacré les principes fondamentaux mis en pratique dans ce département, depuis trois années, par le concours volontaire des communes et du département, provoqué et dirigé par l'administration, et que la plupart des dispositions que nous avions mises en pratique et que j'avais fait connaître dans mes exposés au ministre, communiqués avec son autorisation à la première commission de la chambre des députés, dont le rapport fut fait par M. Vatout, le 11 août 1834, ont passé dans le nouveau projet de loi qui a été présenté par M. le Ministre de l'intérieur à la chambre des députés, dans sa séance du 24 mars dernier.

Ces dispositions importantes, vous le savez, Messieurs, devaient être celles qui consacraient le concours simultané de la commune, du département et de l'administration, et qui donneraient à celle-ci tout le pouvoir et toute la liberté d'action nécessaires pour faire exécuter les divers projets de vicinalisation adoptés par les conseils-généraux, sans avoir à redouter ni l'esprit trop parcimonieux de la commune, ni la lenteur de l'examen par l'autorité supérieure.

C'était là en effet ce qui devait rencontrer le plus d'obstacles soit dans le régime de centralisation dont l'excellent principe a eu aussi ses abus, soit dans la direction réglementaire des travaux publics si justement confiée, comme vous le savez, à un corps éclairé dont le personnel, malheureusement, ne pouvait suffire à l'immense tâche que la vaste entreprise de la vicinalisation de la France aurait ajoutée à celle déjà si étendue et si variée dont la responsabilité pèse sur lui.

Si quelque chose a pu triompher, Messieurs, des résistances et des préoccupations qu'un tel système devait rencontrer serait-ce donc trop présumer de nous-même que d'en attribuer une faible part à ces travaux si importans et si significatifs qui s'exécutent dans la Charente depuis 4 ans et que je n'ai pas négligé de porter à la connaissance de l'autorité supérieure et des diverses commissions législatives, tout en m'interdisant jusqu'ici néanmoins, par défiance de moi-même, de livrer à la publicité et les faits accomplis et les considérations théoriques et législatives qui m'ont paru en ressortir.

Une simple citation de l'exposé des motifs du dernier projet de loi vous fera juger avec quelle franchise et quelle décision M. le ministre de l'intérieur est entré dans cette nouvelle voie : « Il n'était pas conce-
« vable, dit M. le ministre, que l'on considérât comme
« une propriété purement communale, à l'instar d'une
« école, d'une église, d'une rue, d'une fontaine, le
« chemin vicinal aboutissant à plusieurs communes,
« car il dépendait ainsi de la bonne ou de la mauvaise
« volonté de l'une d'elles de laisser périr, soit par dé-
« faut d'entretien, soit par usurpation des riverains,
« une communication aboutissant à 7 ou 8 autres
« centres d'habitation.

« Ce concours des localités, ajoute M. le ministre,
« nous a conduit à la pensée de faire intervenir l'ad-
« ministration supérieure (nous voulons dire l'autorité
« départementale) dans l'administration des chemins
« vicinaux. Cette conséquence était forcée. Les ressour-
« ces individuelles des communes étant reconnues in-
« suffisantes pour l'établissement et l'entretien des
« chemins vicinaux, et des secours départementaux
« étant jugés indispensables, il devenait naturel que
« l'autorité départementale réunît la direction des tra-
« vaux à la contribution des fonds nécessaires; c'est là
« l'idée-mère du projet; là résident les moyens de suc-

7

« cés. C'est ce concours du département et des com-
« munes qui doit amener les résultats les plus féconds. »

Telle a été aussi, Messieurs, notre constante conviction, du jour où nos travaux ont commencé, et telle a
été aussi presque littéralement notre manière de l'exprimer.

Par cela seul que le projet de loi repose sur une telle
base, nous devons désirer son adoption; elle nous
devient d'autant plus nécessaire, que les ressources extraordinaires que vous avez affectées à ces travaux
doivent être employées sans retard, soit pour ne pas
manquer l'occasion de les réaliser, soit pour n'avoir
point à payer des intérêts improductifs; et que cette
considération elle-même affaiblit sensiblement le concours que les communes avaient commencé à nous
prêter, et qui cependant, jusqu'à la loi nouvelle, ne
peut devenir obligatoire.

Il est encore deux points de vue sous lesquels ce
projet vous paraîtra mériter d'être favorablement ac-
cueilli.

Le premier, c'est la facilité qu'il doit offrir de développer dans toute son étendue le système de vicinalité
dans chaque département, par la simple faculté qu'il
donne à l'administration de faire passer dans la classe
de chemins vicinaux tous les chemins communaux qui
ne sont pas exclusivement utiles à la commune.

Le second, c'est l'absence de toute disposition réglementaire dont l'application pourrait ne pas être également faite à tous les départemens, et la faculté qu'il
laisse à chaque administration départementale de régler administrativement le mode d'exécution le plus
convenable dans chaque localité.

Quelques modifications vous paraîtront cependant
nécessaires.

Il est impossible, par exemple, de laisser subsister

le partage des centimes communaux tel qu'il est expri-
mé dans le projet, lorsqu'il s'agit de la construction
des chaussées ; et nul doute pourtant qu'il n'y aura
pas de système de vicinalité possible pour aucun département s'il n'est basé sur un certain nombre de routes de grande vicinalité construites selon toutes les
règles de l'art.

Or, ces chemins de grande vicinalité ne coûteront
jamais moins de 2 à 3 fr. le mètre courant, tandis que
leur entretien pourra s'élever tout au plus à 12 c. ½
le mètre, matériaux compris.

Il sera donc indispensable que les communes soient
tenues d'appliquer à la construction des chaussées de
grande vicinalité, quand les travaux en seront établis
sur leur territoire, la totalité de l'impôt en nature et
en argent que la loi permettra d'en exiger.

Quant aux indemnités de terrain, il importe que les
fonds départementaux puissent être appliqués de préférence aux routes dont les propriétaires riverains
seront disposés à des concessions gratuites, et que lorsqu'il sera indispensable de payer une indemnité, l'évaluation cadastrale serve de base au réglement qui en
sera fait par le préfet en conseil de préfecture.

Il peut être également utile de laisser aux communes la faculté d'appliquer à un emprunt les ressources
annuelles qu'elles peuvent affecter à ces travaux, afin
qu'elles puissent se réunir au département pour hâter
leur achèvement ; car vous savez combien il y a économie et profit dans la prompte exécution de ces sortes
de travaux.

Il me paraît également utile de subordonner le tracé
et le classement de ces diverses routes par le préfet à
l'avis des conseils d'arrondissement et du conseil-général.

Quant à l'entretien enfin, le mode que nous avons

adopté me paraît le seul applicable, si l'on ne veut engager le département dans une dépense considérable et toujours croissante. Les communes doivent rester chargées du transport et de la fourniture des matériaux dans les proportions arrêtées par un réglement du préfet en conseil de préfecture, et la main-d'œuvre seulement, soit par des cantonniers rétribués, soit par un entrepreneur adjudicataire et responsable, doit rester à la charge du département et sous la direction immédiate de l'autorité supérieure, afin que l'entretien ne puisse jamais rester en souffrance.

J'ai indiqué ces diverses modifications sur le projet de loi lui-même, que j'ai fait copier pour le mettre sous vos yeux avec les modifications que lui a fait subir la dernière commission nommée par la chambre des députés, et qui me semblent toutes d'une utilité incontestable.

Quant au produit des prestations et à leur réglement préalable suivant la nature des travaux ; quant au vote des centimes additionnels presque toujours indispensables pour égaliser la totalité des deux impôts entre les divers contribuables ; quant à une organisation complète des ingénieurs et des agens-voyers, en y comprenant les gardes-champêtres eux-mêmes qui devraient être embrigadés comme surveillans des travaux dans leurs communes respectives ; quant au contentieux enfin, tout ce que nous avons exécuté ou proposé me semble se trouver dans la loi, ou pouvoir en être déduit.

Puisse-t-elle recevoir les améliorations dont elle peut être encore susceptible et ses principales dispositions être maintenues par les deux chambres, et nous recevrons d'elle, Messieurs, un puissant secours et un secours qui me paraît devenir de jour en jour plus indispensable pour l'accomplissement de notre grande entreprise déjà si avancée grâce à l'efficacité et à la constance de votre concours.

Peut-être jugerez-vous convenable d'en exprimer le vœu et de recommander cette matière à la sollicitude de ceux de vos collègues qui peuvent faire retentir au sein même de la chambre élective l'énergique expression de notre expérience et de nos besoins.

Ainsi donc, tout nous convie à transformer en loi départementale l'expression libre et spontanée des intérêts de vos cantons, telle que vous vous en êtes constitués les interprètes dans les commissions respectives de chaque arrondissement. La justice elle-même vient les fortifier de son assentiment, et ce n'est pas l'administration, vous le savez, qui reculera devant la nouvelle tâche que cet accroissement inattendu de nos travaux viendrait lui imposer.

Loin de là, Messieurs, elle vous y exciterait si c'était nécessaire, tant sa conviction du bien qu'elle doit produire s'accroît à mesure qu'elle s'accomplit; mais vous arrivez ici, sans doute, plus convaincus que moi encore de l'élévation de richesse territoriale déjà acquise à votre pays, et de celle qui lui est promise par le développement de nos travaux.

Faisons donc nos 42 routes au lieu des 24 projetées, et exécutons-les, s'il est possible, en moins de temps que nous n'avions cru devoir en demander pour exécuter les 24.

Tel est en effet l'espoir que j'ose exprimer devant vous, et qui ne saurait être déçu en effet que par des circonstances imprévues et tout-à-fait indépendantes de ma volonté et de mes efforts, si vos encouragemens et le puissant appui que vous m'avez prêté jusqu'ici, soit dans le sein du conseil, soit dans vos cantons respectifs, ne me manquent pas.

J'ose d'autant plus l'espérer, que les témoignages

tout récemment exprimés par les conseils d'arrondissement me semblent parler plus haut que jamais en faveur de ces travaux.

Je ne saurais donc mieux terminer ce chapitre qu'en reproduisant sous vos yeux les extraits de leurs procès-verbaux relatifs à cette entreprise.

Puisse le témoignage que j'attends de vous, Messieurs, soutenir mon courage dans ces travaux et en alléger un peu, par votre sanction, l'immense responsabilité !

(Fin de l'extrait du rapport du préfet, de 1835.)

CONCLUSION.

15 Octobre.

Ainsi que je l'avais annoncé, je crois m'être borné à reproduire les traces de tous les pas qui ont marqué la route par laquelle je suis arrivé déjà si près du but que je m'étais proposé d'atteindre.

Essayant d'abord les moyens dont il devait être fait usage sur quelques points seulement, et avec les ressources éventuelles et bornées de la loi exceptionnelle du 6 novembre 1831, qui ne pouvait avoir d'effet que pour l'année 1832, m'appuyant du premier succès acquis, pour obtenir du conseil-général et de l'autorité ministérielle qu'une assez forte allocation empruntée aux ressources ordinaires du département fût appliquée en 1833 et 1834 à la continuation des travaux commencés, recourant enfin pour l'exercice 1835 et les années suivantes à tout ce que le crédit départemental pouvait produire de ressources extraordinaires et immédiates, sans être surchargé de plus d'impôt qu'il n'en payait en ce moment, afin que le système se complétât, et que tous les effets qui lui sont propres, toutes les conséquences qu'il devait avoir pour la vicinalisation du département, pussent se réaliser et agir.

Voilà ce qui résulte, ce me semble, et ce qui pouvait seulement résulter des divers exposés qui précèdent, et que j'ai produits avec leur date authentique et leur rédaction arrêtée au fur et à mesure qu'ils ont été à leur adresse; car c'est d'une expérience faite qu'il s'agissait, avec ses accidens, ses contrariétés, ses erreurs même, mais aussi ses bons résultats, son succès définitif, ses avantages assurés, connus, éprouvés et dépassant toutes les espérances.

Nos progrès, nos perfectionnemens pourront être ainsi utilement consultés ; qu'on juge de l'intervention de la science, par exemple, dans l'œuvre imposée aux commissaires et ingénieurs-voyers qui dirigent les travaux de grande vicinalité dans la Charente, par le modèle de registre auquel nous sommes arrivés à les assujétir pour le calcul des terrasses (*voir les documens à la suite*); calcul qui exige nécessairement la levée de profils en long et en travers sur chaque tracé de route, et on reconnaîtra probablement que ces agens sont tenus de posséder au moins la part de connaissances mathématiques que MM. les ingénieurs des ponts et chaussées appliquent à cette partie de leur tâche.

La loi si impatiemment attendue sera donc promulguée, que cette publication n'en sera peut-être que
plus utile aux administrateurs, aux maires, aux membres des conseils départementaux et municipaux, à
tous les agens d'exécution et de contrôle, enfin, qui
auront à intervenir dans la vaste entreprise de la vicinalisation du royaume, dont tous les départemens de
France voudront, sans doute, tout-à-coup et à la fois,
s'occuper. — Non qu'elle présente un modèle à suivre,
loin de là, mais simplement une expérience tentée et
des résultats obtenus qui éclaireront la route parcou-
rue, et permettront à d'autres d'y marcher, dès leur
entrée, avec plus de sûreté et de perfection. — Nos
faux pas eux-mêmes n'y seront pas inutilement mar-
qués. — Qu'on ne s'y trompe pas pourtant, cette expérience a son importance; car pour en tenter une
semblable dans tous les départemens, il y aurait 12000
lieues de poste à ouvrir immédiatement, 130000 terrassiers à employer, et 185 millions en argent ou en
prestations en nature à demander en cinq ou six années à l'impôt ou au crédit du département et de la
commune..

Mais considérée seulement sous ce dernier point de
vue, n'est-ce pas là ce moyen tant cherché de faire re-
fluer dans les départemens ces capitaux à bon marché,
qu'on n'a trouvés jusqu'ici que dans la capitale ou nos
principales cités? — Les diverses opérations de crédit
déjà tentées dans la Charente, et dont il a été précédemment rendu compte, peuvent en faire juger. La
première partie de l'emprunt a été contractée à 5 p. °/₀,
sans aucun autre avantage pour les prêteurs; la seconde,
à 4 fr. 89 c.; une troisième se réaliserait à 4 fr. ½ et
peut-être au-dessous; et ce sont les capitalistes du département qui ont pris la presque totalité de ces obligations, et qui ne laisseraient pas passer ailleurs celles

qui pourraient être mises encore en vente, car les premières jouissent déjà, sur la place de Bordeaux, de 4
et 5 p. °/₀ de prime sur les prix d'adjudication.

C'est l'administration, en tout cas, fonctionnant avec
ses instrumens bons et mauvais, dans le dédale législatif de tous les régimes passés, et ne pouvant faire un
pas en avant qu'en opérant la conviction des intérêts
qu'elle avait à servir ou à combattre ; paraissant engager outre mesure, il faut le dire, sa propre responsabilité ; mais justifiant tous ses actes néanmoins, et les
mettant à l'abri de tout reproche et de toute critique
par l'unanime concours de ceux qui en supportaient
les charges et en recueillaient les profits, par l'appui
qu'elle recevait surtout des conseils départementaux,
de l'autorité supérieure, de la loi elle-même enfin,
qui lui créait les ressources extraordinaires du crédit,
sans lesquelles elle eût été nécessairement arrêtée; c'est
cette administration, dis-je, que j'ai voulu simplement
faire connaître dans ses modestes efforts pour apporter
aussi sa pierre à un si grand résultat ; — car elle n'avait
pas seulement en vue les faits qui s'accomplissaient
autour d'elle, elle était aussi constamment animée
de l'intime conviction qu'elle s'était engagée, tout au
moins, dans la voie d'amélioration la plus féconde en
conséquences morales et matérielles que pût ouvrir à
nos campagnes le gouvernement né de la révolution
de juillet, puisqu'il ne s'agissait de rien moins que de
doter de communications faciles, avec les foyers de lumières et d'industrie du pays, toute cette nouvelle France
de hameaux et de villages libres, de petits propriétaires
et de commerçans, que nous a faits 89 ; et de verser au
milieu d'eux, par des milliers de voies nouvelles,
ces élémens de progrès de la civilisation actuelle qu'ils
sont devenus si capables de mettre en valeur et dont
la richesse et la puissance nationales sont appelées à
recueillir les immenses résultats.

Ce ne pouvait être là cependant que l'œuvre de la paix. Aussi pour l'entreprendre, même autour de soi seulement, fallait-il y croire avec une inébranlable foi.

Grâces soient donc rendues à cette politique haute et ferme de la royauté de juillet, dont le gouvernement a si bien compris la moralité de la révolution qui l'a fondé, les intérêts et les besoins sociaux dont elle fut l'expression et qui devaient faire sa force.

C'est bien de cette paix maintenant défendue et consolidée par les plus chers intérêts de toute puissance qui veut vivre, autour de nous et loin de nous, que l'œuvre entière doit sortir et s'étendre sur tout le royaume.

L'administration qui m'a été confiée n'aura été que l'une des premières à y prendre part.

Mais, qu'elle ait ainsi contribué à porter dans tous les esprits la conviction que la vicinalisation de la France serait en effet exécutable et prompte par de tels moyens, qu'elle ait pu au moins présenter quelques aperçus, quelques faits d'après lesquels la législation qui va incessamment s'élaborer dans les chambres, rendra possibles, obligatoires même, dans toute la France, le concours des intérêts, des influences, des pouvoirs divers qui doivent participer à cette vaste et utile entreprise, et elle ne croira pas avoir vainement tenté une expérience si difficile et si soucieuse.

Mais est-il enfin permis d'en calculer l'achèvement et d'en apprécier les effets dans un délai rapproché?

Le conseil-général de la Charente, dans sa dernière session, a accédé aux propositions que j'ai eu l'honneur de lui soumettre et a mis le comble à sa confiance et à ses engagemens en allouant à l'administration la somme importante de 580000 fr. en 1836 pour la continuation des quarante-deux routes de grande vicinalité par lui adoptées, plus encore 75000 fr.

environ provenant, en 1835 et 1836, de l'économie réalisée sur le régime des enfans trouvés, pour provoquer déjà les communes en dehors de cette ligne à s'y embrancher, en contribuant nécessairement pour une plus forte part à la dépense.

Mon plan a été dès lors arrêté.

La situation du 1er septembre dernier présentait un total de 172137 mètres courans de chaussées entièrement achevées, et de 65288 mètres, ouverts seulement et terrassés, soit en tout 237425 mètres linéaires livrés à la circulation ou bien près de l'être sur nos quarante-deux routes, dont le parcours total, comme nous l'avons vu, est de 536000 mètres linéaires ou 134 lieues de poste.

Le passé m'ayant suffisamment démontré que ce qu'on pouvait attendre de plus efficace de la part des communes, c'était l'extraction et le transport des matériaux au moyen de leurs prestations, et ne faisant aucun doute que c'était sous ce rapport surtout que la nouvelle loi donnerait le plus d'action sur elles à l'administration; ayant observé aussi que ce que notre entrepreneur et les terrassiers auvergnats faisaient le mieux et avec le plus de promptitude, c'étaient les terrrassemens, j'ai pris les mesures les plus actives pour que toutes nos routes fussent ouvertes et terrassées dans le courant de l'année qui va commencer, et même à l'entrée de l'été prochain si c'était possible. — Tel a été le but de l'instruction supplémentaire et des diverses circulaires qui se trouvent à la fin de la série de documens par laquelle cette publication se termine.

Nous obtenons ainsi l'avantage de signaler aux communes le tracé aux abords duquel elles peuvent effectuer leur transport aux époques qui leur conviennent le mieux, et nous excitons d'autant plus le zèle de tous les intéressés à l'achèvement de la route, que l'empierrement devient plus nécessaire à ces mêmes intérêts quand la route est seulement ouverte et terrassée. — Des ateliers sont toujours prêts d'ailleurs à exécuter les empierremens avec les matériaux déposés à pied d'œuvre.

D'un autre côté, j'ai fixé au 18 décembre prochain le délai dans lequel les communes qui voudront s'embrancher, soit isolément, soit concurremment avec d'autres, aux routes royales, départementales ou de grande vicinalité, devraient me faire connaître l'accomplissement par elles des conditions auxquelles j'ai cru devoir les soumettre (*voir* ci-après l'instruction supplémentaire).

La somme importante qui a été votée par le conseil-général pour ces travaux, sur l'exercice 1836, pourra être employée à tracer et assurer l'assiette de toutes les routes de grande vicinalité adoptées, même de celles d'embranchement. En 1837, par conséquent, nous n'aurions plus qu'à nous occuper de l'empierrement; et nos 42 routes de grande vicinalité, ainsi que celles d'embranchement qui seront arrêtées le 18 décembre prochain, seraient entièrement terminées dans le courant de cet exercice.

Si cette publication peut être différée jusqu'à la fin de décembre, peut-être pourrai-je donner encore dans un post-scriptum l'aperçu des travaux qui vont immédiatement commencer sur cette nouvelle base.

Et qu'on ne pense pas cependant que de tels travaux doivent absorber un administrateur et le paralyser pour l'accomplissement des autres obligations qui lui sont imposées. — Une entreprise de cette importance, au contraire, excite l'intérêt général des propriétaires, des commerçans, des industriels, des capitalistes, et les prédispose à une situation d'esprit favorable aux améliorations de tout genre. — Le progrès appelle le progrès, et l'administrateur n'a plus qu'à profiter du concours qui, de toute part, lui est offert pour tout ce qu'il croit utile.

Il est des abus surtout qu'il n'aurait pas osé affronter, dans un état d'atonie ou de souffrance, et qu'il n'hésitera pas à attaquer dans leur source quand le travail et le progrès marcheront hardiment devant lui. — Telle est la mendicité, tel est le fléau des enfans trouvés. — Il est même des améliorations qui, dans toutes autres situations, rencontreraient des obstacles invincibles, ou ne s'établiraient qu'avec difficulté et d'une manière incomplète.

Mais le conseil-général de la Charente, dans sa dernière session, en résumant lui-même dans son premier procès-verbal le rapport que lui présentait l'administration sur ses travaux, semble s'être chargé de répondre à cette préoccupation, d'ailleurs si naturelle : peut-être même ne pouvais-je mieux terminer l'exposé qui précède qu'en citant ce procès-verbal tout entier ; car, je le répète, c'est cette même entreprise dont on vient de présenter le développement, qui a été la source, la cause ou le stimulant de toutes les réformes et de toutes les améliorations qui se sont accomplies avec elle :

« Le rapport de M. le préfet s'est fait remarquer par l'étendue et la clarté de ses développemens.

« Aucune branche de revenu public, aucune des ressources ordinaires et extraordinaires du département, aucune des affectations qui en ont été faites, aucun des intérêts moraux et matériels du département n'y a été oublié.

« L'activité toujours croissante des immenses travaux entrepris sur les voies de communications départementales, mais particulièrement sur les chemins de grande vicinalité, les résultats si importans déjà

réalisés, puisque près de moitié de l'entreprise touche
à sa fin, bien que l'administration se fût réservée cinq
ans depuis le vote des moyens extraordinaires qui ont
été mis à sa disposition; la proposition explicite et for-
melle de les continuer sur la même échelle; la pré-
sentation des voies et moyens applicables à cette dernière partie de l'entreprise; la légère augmentation
du prix moyen, expliquée par les améliorations importantes de ces travaux; l'appui que pourra leur prêter
encore la nouvelle loi; la répartition de ces travaux
entre les divers arrondissemens, qui semble s'être
faite naturellement ou par les vœux spontanés des commissions arrondissementales, dans une équitable proportion, soit quant au passé, soit pour l'avenir, sont
autant de points de vue qui ont servi de bases aux longs
développemens de M. le préfet, appuyés d'ailleurs
d'un grand nombre de documens et situations déposés
sur le bureau.

« L'importante réforme des enfans trouvés y a été
présentée également sous toutes ses faces, avec une
minutieuse application. Sous les rapports moraux et
économiques, l'instruction ne saurait être plus complète. Son immense résultat, puisqu'il s'agit d'une diminution qui dépasse déjà la moitié, et qui paraît
devoir être des deux tiers de la population des enfans
trouvés, telle qu'elle existait au moment où la réforme a été commencée, se résout financièrement en
une économie de 45 mille francs environ, déjà assurée
sur l'exercice courant, et de 55 à 60 mille tellement
probable sur l'exercice 1836, que M. le préfet ne demande plus que 38000 fr. pour cet exercice, au lieu de
96500 qui furent votés en 1834 pour l'exercice 1835.

« Les prisons, les salles d'asile, les caisses d'épargnes,
les encouragemens et bourses gratuites, les comices
agricoles surtout qui ont pris soudainement un si

grand développement, que 28 comices sont en pleine activité et comptent déjà plus de 1000 propriétaires charentais comme associés, ont occupé successivement l'attention de M. le préfet, et excité de plus en plus l'intérêt du conseil-général.

« M. Larreguy a résumé lui-même en quelques lignes son volumineux rapport, qui a été écouté avec l'attention la plus soutenue pendant près de cinq heures.

« Je me résume, dit-il.

« La restauration d'un grand nombre d'ouvrages « sur la Charente canalisée et le projet complet d'une « restauration générale;

« 10 lieues de routes royales;

« 18 lieues de routes départementales;

« 47 lieues de chaussées de grande vicinalité, de 9 et « 12 pieds de largeur;

« 133 élèves maîtres formés dans l'école normale « primaire;

« La répression de la mendicité et son extinction « dans la plupart de vos communes;

« D'importantes améliorations dans le régime des « prisons et des hospices;

« La réforme morale et matérielle du régime des « enfans trouvés, une économie de 60000 fr. par an « sur ce service;

« 2 caisses d'épargnes fondées dans le département;

« 28 comices agricoles en pleine activité;

« Et les eaux de la Charente élevées à 300 pieds au- « dessus de leur source pour se répandre en fontaines « publiques sur le plateau d'Angoulême:

« Tels sont nos travaux depuis quatre ans ou plutôt « votre ouvrage, car vos encouragemens et votre ap- « pui ont tout fait. »

POST-SCRIPTUM.

20 décembre 1855.

A l'occasion de la tournée annuelle du conseil de révision, dès le 16 novembre dernier, j'avais terminé l'inspection commencée au printemps, de tous les travaux de grande vicinalité du département.

J'ai vu la presque totalité des 42 routes dont le conseil-général, sur ma proposition, a définitivement et exclusivement formé la première base, le canevas de tout son système de vicinalité.

J'ai sous les yeux une nouvelle situation bi-mensuelle de ces travaux, depuis la conclusion qui précède.

J'ai pu apprécier les premiers effets des mesures administratives qui ont immédiatement suivi les dernières délibérations des mandataires du département, et qui se trouvent exposées dans celles des publications les plus récentes qui vont suivre.

J'ai atteint l'époque fixée aux communes pour arrêter entre elles la répartition du fonds supplémentaire que le conseil-général a mis à ma disposition pour encourager celles qui sont encore en dehors des lignes parcourues par nos 42 routes à s'y embrancher.

Je connais par conséquent les nouvelles communications proposées et celles qu'il est possible, dès ce moment, de mettre en voie d'exécution.

J'ai voulu suivre moi-même, directement et d'aussi près que possible, l'impulsion donnée à nos travaux par les dernières mesures dont il a été déjà parlé, et qui ont essentiellement pour but d'ouvrir et terrasser, dans le courant de 1836, tout ce qui reste à achever de nos routes de grande vicinalité qui doivent être arrêtées le 18 décembre prochain, y compris celles d'embranchement. Je me suis mis en correspondance directe, à cet effet, et sous ce point de vue seulement, avec nos ingénieurs-voyers, en ayant soin pourtant de faire passer toute ma correspondance sous les yeux des sous-préfets. On peut voir à la fin des documens qui suivent la situation de quinzaine que j'ai exigée d'eux dans le même but.

Je puis donc jeter un coup d'œil rapide sur ce qui est exécuté, en recueillir les premiers effets, et mieux apprécier ce qui reste à faire encore.

Nous atteignons, en finissant l'année 1835, le chiffre de 220000 mètres de chaussées entièrement achevées, et celui de 300000 mètres linéaires ou 75 lieues de poste, sur un parcours total de 530000 mètres linéaires.

Depuis la situation présentée au conseil-général, et qui s'arrêtait au premier juillet dernier, 48000 mètres courans de chaussées, 140000 mètres cubes de terrassemens et 66000 mètres linéaires d'ouverture de route ont été exécutés.

L'œuvre départementale, en ce qui touche la vicinalité, ne peut plus manquer de s'accomplir.

L'entreprise est aux $^3/_5$ achevée.

Nous avons en ce moment, malgré la rigueur de la saison, 1500 terrassiers à l'œuvre et 57 ateliers en pleine activité.

Dans les trois quinzaines qui viennent de s'écouler

depuis que les travaux d'ouverture et de terrassement sont exclusivement suivis, 27293 mètres linéaires de route ont été ouverts et terrassés. — Les grands jours des mois de mars, avril, mai, juin, juillet, août, septembre et octobre devront permettre l'exécution de 12000 mètres par mois de ces mêmes travaux; et d'ici au mois de mars, dans la proportion déjà établie par les trois quinzaines précédentes, 40000 mètres au moins doivent être ajoutés aux 27293 ci-dessus mentionnés. — Tout annonce, par conséquent, que la ca 'pagne prochaine verra le chiffre de 300000 mètres linéaires atteint pour les chaussées d'empierrement, et celui de 530000 mètres, parcours total des 42 routes de grande vicinalité, pour ouverture de route, terrassemens compris.

Mais ce n'est déjà plus de 42 routes seulement de grande vicinalité que le système se compose; 107 communes ont répondu à l'appel de l'administration et au secours offert par le conseil-général du département sur les chemins d'embranchement; 42 de ces communications nouvelles ont été proposées; mais sur 7 d'entre elles seulement, toutes les communes intéressées se sont mises parfaitement en règle. — Je n'ai pu effectuer la répartition du fonds d'encouragement voté par le conseil-général que sur ces dernières. Un nouveau délai a été donné aux autres communes qui, presque toutes, ont eu l'intention de se conformer aux conditions exigées, mais n'ont pris que des délibérations défectueuses ou incomplètes. — Heureusement, il a été possible de leur réserver la partie du fonds d'encouragement provenant de l'économie réalisée sur le service des enfans trouvés, en 1835, et qui ne pourra être rigoureusement dépensée qu'en 1837. Mais comme la délibération du conseil-général est précise, l'affectation sera toujours faite par l'administration, soit sur 1836, soit sur 1837, aux communications dont les communes intéressées se mettront en règle d'ici à la fin de janvier prochain.

Aux sacrifices que ces communes viennent de s'imposer pour étendre leurs bras jusqu'à toucher l'une des 42 routes que le département a fait circuler autour d'elles, on peut juger du prix qu'elles attachent à ce bienfait.

Elles offrent ou garantissent la concession gratuite des terrains.

Elles votent jusqu'à 10, 15, 20 centimes sur le principal de leurs contributions directes, et indépendamment de cela, deux journées de prestations en nature pendant deux ou trois années.

Quelques-unes même vont au-delà en demandant à emprunter la somme qui leur est nécessaire, afin de pouvoir distribuer leur sacrifice sur un plus grand nombre d'années; elles demandent presque toutes enfin à traiter avec l'entrepreneur de nos travaux de grande vicinalité, et à obtenir de lui que le même tarif soit applicable aux travaux qui vont plus particulièrement les intéresser; ce qui n'est pas un mal, puisque les travaux n'en auront que plus d'unité, et ce qui prouve en outre que c'est à des conditions avantageuses que l'administration a déjà traité avec lui.

Ce n'est donc pas seulement le canevas qui est posé, c'est le tissu qui commence.

Que le conseil-général du département, en effet, soit en mesure d'affecter ainsi chaque année de 80 à 100000 fr. (et il le sera dans la Charente) aux 13 à 1400000 fr. qu'il a déjà portés sur les grandes voies de vicinalité, et il n'y a plus de doute que la vicinalisation complète du département s'effectuera avec une grande rapidité.

En attendant, le résultat des routes de grande vicinalité exécutées ou en voie d'exécution, m'a frappé, sous un rapport surtout, dans le cours de l'inspection que je viens d'accomplir, c'est sous celui de l'effet ressenti déjà par le département tout entier, d'une route royale ou d'une route départementale qui s'ouvre ou s'achève dans l'un des départemens voisins; à l'instant même, le système de circulation du département en éprouve un accroissement d'activité dont nos routes royales, départementales, de grande vicinalité, ou d'embranchement, portent rapidement l'impression sur presque tous les points du département.

De nouveaux intérêts se réveillent ou se produisent aussitôt. —Des rivalités de marchés éclatent et excitent l'émulation entre des intérêts opposés; les routes communes trouvent de nouveaux appuis, des résistances opiniâtres cessent tout-à-coup, d'autres embranchemens enfin sont demandés et provoquent des sacrifices de la part des communes et des particuliers, qu'on n'aurait pas osé espérer jusque là.

C'est une organisation qui se complète et dont le système artériel, veineux, capillaire, porte le mouvement et la vie à toutes les parties principales et sur presque toute la surface du corps dont elle anime et développe l'existence.

Qu'on juge d'après cela de ce que peuvent devenir notre France et certains de ses départemens les plus arriérés surtout, lorsque de tels travaux s'étendront à tout le royaume et verront s'ajouter à l'impulsion qu'ils reçoivent déjà des grandes voies auxquelles ils se rattachent, cette animation si puissante que celles-ci doivent aussi recevoir de ces voies nouvelles, où le fer, l'eau et le feu font naître l'économie elle-même de la force et de la rapidité.

Vienne le chemin de fer de Paris à Bordeaux, par exemple, et en traversant la Charente, à l'instant même, notre vicinalisation exécutée en fera sentir le bienfait à tous les points du département.

Il ne nous reste plus peut-être, pour compléter cet exposé, qu'à signaler d'une manière plus spéciale celles des améliorations accomplies qui peuvent plus particulièrement être attribuées dans ce département au développement de son système de communication.

Sur ce point, c'est encore l'extrait d'un rapport administratif qu'il nous semble convenable de citer; rapport, récemment demandé par l'autorité supérieure, et qui ne devait offrir qu'un exposé récapitulatif et succinct des faits les plus saillans et les plus susceptibles de favoriser l'appréciation matérielle des progrès accomplis depuis 1830.

Nous en extrayons les passages suivans :

« La mendicité a, pour ainsi dire, cessé dans tout le département le 18 mai 1833, époque de la mise à exécution des mesures administratives qui créaient des ateliers de travail sur toutes les routes, qui ouvraient les hospices aux indigens invalides du département, qui renvoyaient chez eux les pauvres étrangers, et provoquaient l'arrestation de tous les mendians d'habitude, valides.

« 400 pauvres ont disparu le même jour du chef-lieu du département, et ne s'y sont pas montrés depuis.

« Quelques enfans seulement, qui échappent facilement à tout moyen de réppression, suivent encore de loin les voitures publiques sur la route de Paris à Bordeaux.

« Quelques faits administratifs peuvent encore servir à apprécier les progrès de l'aisance et du bien-être depuis 1830 (1).

---

(1) La plupart de ces améliorations, ainsi que le rapport qui les fait

« Les contributions directes et indirectes doivent nous offrir les principales données à ce sujet.

« Les frais effectués, par exemple, pour obtenir le recouvrement des contributions, s'étaient élevés, en 1826, à 36 fr. 25 c. par 1000 fr. ; ils ont été réduits à 29 fr. 34 c. en 1835.

« Les restes de contributions directes à recouvrer en 1829, étaient de 199000 fr.

« Ils sont à la fin des premiers mois de 1835, de 37924 fr. 7 c., c'est-à-dire que sur le total des rôles à recouvrer en 1835, s'élevant à 3837061 fr. 10 c., il y avait, au 1er novembre dernier, 3799137 fr. 3 c. de recouvrés. Jamais, sans doute, les recouvremens n'ont présenté une situation aussi satisfaisante.

« Le produit des postes est un des signes les plus caractéristiques du progrès en toutes choses. Or, en 1830, le produit total des postes, dans nos cinq arrondissemens, a été de 162613 fr. ; il s'élève à 183914 fr. en et 1834, pour les neuf premiers mois de 1835, il est déjà de 189574 fr.

« Cette augmentation peut être déjà facilement appréciée sous le rapport de communications ouvertes dans le département.

« L'arrondissement de Confolens, par exemple, qui se trouvait le plus arriéré sous ce rapport, et qui s'est, par conséquent, le plus ressenti des améliorations de ce genre, n'a reçu, en produits des postes, que 10872 fr. en 1830, et les neuf premiers mois de 1835 ont déjà

---

connaître, l'exprime formellement, appartiennent aux mêmes causes qui ont amené la prospérité générale du pays ; et ce n'est qu'en ce qu'elles pourraient en offrir de plus remarquables qu'ailleurs, qu'il peut en être attribué quelque chose au perfectionnement des voies vicinales dans la Charente.

produit 14111 fr. , ce qui suppose, pour toute l'année 1835, un produit presque double de celui de 1830.

« L'arrondissement de Barbezieux , qui vient après celui de Confolens dans cet ordre de choses , est aussi celui qui présente après lui l'augmentation la plus importante. Son produit des postes a été , en 1830, de 13855 fr., s'est élevé à 17136 fr. en 1834, et se trouve déjà de 17533 pour les neuf premiers mois de 1835.

« Les contributions indirectes , en 1829 et 1835, offriraient aussi quelques données importantes, si la réduction des tarifs, prononcée par la loi du 12 septembre 1830, n'avait pas atténué profondément les principaux élémens de comparaison. Il y a pourtant sur la fabrication des bières une donnée qui est fort significative pour un département vignicole, et où la bière, par conséquent, n'est qu'un objet de luxe. Or, les droits de fabrication sur cette boisson avaient produit 3339 fr. dans les neuf premiers mois de 1829, et ce produit s'élève à 5668 fr. dans les neuf premiers mois de 1835.

« Il y a aussi une augmentation significative sur le droit d'estampille et 10° du prix de transport pour les voitures publiques. Il n'a été que de 3936 fr. 69 c. pour les neuf premiers mois de 1829 , et il a plus que doublé pour les mêmes époques en 1835, puisqu'il s'est élevé à 8250 fr. 23 c.

« Les faits commerciaux et industriels qu'il nous reste à produire, appartiennent plus particulièrement encore à la situation générale du pays et à la haute et sage politique du gouvernement de juillet depuis cinq ans, qu'à l'administration spéciale du département ; ils n'en offrent pas moins des signes caractéristiques de la part de progrès et de prospérité qui est échue à la Charente pour les causes générales et particulières qui ont agi sur elle.

« Les voies de communication ouvertes depuis 1830,

et particulièrement les parties de nos 42 chaussées de grande vicinalité déjà livrées à la circulation, se font vivement sentir. C'est par l'économie des transports, qui se résout en augmentation de revenu, et par conséquent du capital des terres, c'est par l'accroissement des véhicules de toute espèce, et par conséquent du mouvement de la circulation et du nombre de voyageurs, que se produisent leurs effets les plus immédiats et les plus sensibles.

« Qu'on cherche à apprécier en effet le résultat de 42 communications nouvelles sur lesquelles un seul cheval pourra traîner facilement désormais de 1,000 à 1500 kilos, et qui se trouvent tout-à-coup substituées à celles où le même cheval n'en pouvait traîner que 150 à 180.

« Il y a peu de jours que me trouvant à Segonzac, chef-lieu de canton, qu'une route de grande vicinalité, *achevée*, vient de mettre en communication avec le marché de Jarnac, situé à 12,000 mètres de cette commune, et où se trouvait réuni le conseil de révision, le maire de cette commune, interpellé par moi sur le changement opéré dans les relations de ses administrés avec Jarnac, déclara hautement qu'avant la construction de cette chaussée il fallait employer deux paires de bœufs ou six mules pour conduire un tierçon d'eau-de-vie à Jarnac, et que souvent la voiture qui avait effectué le transport ne pouvait rentrer dans la même journée. — Aujourd'hui, une seule paire de bœufs, ou un seul cheval conduit le même tierçon à Jarnac, et dans les beaux jours, on peut faire jusqu'à 2 et 3 fois le voyage dans la même journée.

« Je me suis attaché à ce fait si complètement constaté, parce qu'il suffit à lui seul pour faire apprécier les conséquences de toute nature d'une telle amélioration.

« L'augmentation de valeur des terres se présente en première ligne comme une des conséquences de l'état de paix, du haut prix de fonds publics et des nouvelles voies de communication.

« Sous ce dernier rapport, ce qui se passe dans l'arrondissement de Confolens, naguères encore si en arrière à cet égard, peut faire apprécier ce qui a été plus particulièrement le résultat de cette amélioration.

« Le système de vicinalité si heureusement entrepris,
« dit M. le Sous-préfet de Confolens dans son rapport
« du 31 octobre dernier, et qui fait aujourd'hui la
« base de nos progrès agricoles et commerciaux, a déjà
« donné à la propriété une valeur extraordinaire.

« Partout où nos jalons ont été plantés, les proprié-
« tés ont augmenté d'un tiers de valeur.

« Le domaine ou métairie qui valait avant 1830
« 20000 fr., se vend aujourd'hui 30000 fr.

« Les capitalistes ne placent plus aujourd'hui en fonds
« de terres qu'à 2 ½ 3 p. °/₀ au plus. Il y a six ans
« qu'il était facile de placer à 4 p. °/₀ et même jusqu'à
« 5 dans le canton de Montembœuf, qui n'avait pas de
« communications.

« Les propriétés ont doublé de valeur en quelques
« endroits de ce canton depuis la construction des rou-
« tes de grande vicinalité qui le traversent, et les nou-
« veaux projets de celles qui doivent le sillonner en
« tout sens.

« On cite dans ce pays-là deux propriétés qui vien-
« nent d'être vendues, l'une 31000 fr., dont le revenu
« n'avait pas été évalué jusqu'ici à plus de 400 fr., et
« une autre à 60000 fr., dont le revenu n'était évalué
« qu'à 1200 fr.

« Je pourrais citer d'autres exemples sur divers points
« de l'arrondissement où la propriété a été vendue sur
« le pied de 2 ½. »

« C'est ici le cas d'expliquer ce changement de valeur de revenu relativement au capital ; car on ne comprend pas toujours facilement comment le niveau ne
s'établit pas, dans le même département, et même dans
toute la France, entre les divers taux du revenu relativement au capital.

« C'est la valeur de circulation, la facilité d'une réalisation sans perte, qui établissent surtout cette différence. Ainsi, on préfère une ferme dans les environs
de Paris, achetée sur le pied de 2 p. °/₀, à un domaine
de province, offert sur le pied de 4 à 5 p. °/₀ de revenu,
parce que la ferme des environs de Paris est vendue
sans perte à l'instant même où l'on veut en réaliser le
capital, tandis que le domaine de province est mis en
vente durant une année sans trouver d'acheteurs, et ne
peut, le plus souvent, que se réaliser avec perte. —
C'est le même motif qui fait préférer à beaucoup de
capitalistes les bons de la caisse de service à 2 p. °/₀ à
la rente sur l'état qui donne près de 5 p. °/₀ de revenu.

« Mais c'est précisément sous ce point de vue que de
nouvelles et bonnes voies de communication ont une
si grande influence sur la valeur des terres dans les
départemens ; elles leur donnent un prix de circulation
en rendant leur vente plus facile.

« Or, si la richesse territoriale du département de la
Charente pouvait être appréciée avant 1830 d'après un
revenu de 18 millions environ, calculé sur le pied de
5 p. °/₀, elle pouvait être alors représentée par un
capital de 360000000, tandis que ce même revenu,
évalué aujourd'hui sur le pied de 3 p. °/₀, devrait représenter un capital de 600 millions. — Que cerait-ce
donc si le revenu lui-même, ce qui est si probable,
était réellement augmenté ?

« Quant à la richesse commerciale et industrielle,
elle ne saurait être ainsi appréciée, mais nous en trou-

verons peut-être ci-après quelques signes non équi-
voques.

« L'impulsion donnée depuis la révolution de juillet,
à la première de toutes les industries, l'industrie agricole, s'est aussi ressentie de l'activité généralement im-
primée dans la Charente à toutes les sources de la
prospérité publique.

« Les 28 comices agricoles qui y sont en pleine activité en ce moment font déjà ressortir les améliorations importantes qu'ils attendent des encouragemens
qu'ils ont distribués ou promis. Les premiers résultats obtenus, et on sait quelle en est l'importance,
consistent à attacher une récolte en prairies artificielles
ou racines pivotantes, à une récolte annuelle en céréa-
les.

« Le ray-grass, qui n'était presque pas cultivé en 1831,
se multiplie dans beaucoup de cantons. La chicorée
sauvage est également employée comme fourrage, le
trèfle incarnat, la betterave, la carotte sont autant de
nouvelles cultures auxquelles il faut attribuer l'accroissement notable des quantités de bestiaux livrés à l'en-
grais.

« Mais c'est particulièrement dans l'arrondissement
de Confolens que se fait encore sentir cette amélioration, et qu'il en ressort un fait industriel et commercial
qui sera particulièrement apprécié par vous, Monsieur
le Ministre, si constamment préoccupé des questions
de tarifs auxquelles il se rattache. Ecoutons encore
M. le sous-préfet de Confolens qui a appuyé jusqu'ici
les propriétaires de son arrondissement réclamant le
maintien des droits d'entrée sur les bestiaux étrangers :

« C'est surtout sous le rapport des ressources en bes-
« tiaux que le pays a déjà fait de grands progrès et qu'il
« peut en faire d'immenses à l'avenir.

« La nouvelle culture, adoptée franchement, four-

« nira les moyens d'élever *au double* le nombre des
« bœufs, vaches et moutons gras.

« Alors les habitans des campagnes, qui ne consom-
« maient pas de viande, pourront s'en procurer à bas
« prix, sans que le producteur puisse en souffrir le
« moins du monde, en retrouvant en au-delà sur la
« quantité ce qu'il perdra par la diminution du prix
« actuel. »

« Peut-être pourrait-on ajouter à ce renseignement
que l'état des choses espéré est déjà en grande partie
accompli, et que la plus value résultant pour les propriétaires, des communications nouvelles et des progrès
de la culture, les met parfaitement en mesure de soutenir
la concurrence des bestiaux étrangers sur tous les marchés intérieurs, d'où il suit nécessairement que le moment serait déjà venu d'ouvrir ceux de la frontière
aux bestiaux étrangers, par un abaissement des tarifs.

« La principale branche d'industrie manufacturière
de la Charente est la papeterie. Elle a été de plus en
plus active depuis 1830. En y arrivant en 1831, je dus
protéger contre des menaces de violence de la part des
ouvriers et contre l'opposition morale et collective de
la plupart des fabricans de papier une seule fabrique
à la mécanique établie sur la Touvre. Les ouvriers en
voulaient aux machines, les fabricans ne pouvaient pas
croire au succès du nouvel établissement et prédisaient
sa ruine prochaine. Depuis lors, non-seulement la papeterie de M. Callaud, dont les produits lui ont mérité
une médaille à la dernière exposition, a prospéré, mais
une autre papeterie du même genre s'est établie sur la
Charente, à Saint-Cybard, et une troisième est en ce
moment en construction à Saint-Michel.

« Depuis 1830 la papeterie de la Charente s'est em-
parée d'une grande partie de la consommation des
Amériques en imitant le papier de Catalogne. La con-

currence la plus dangereuse qu'ils y rencontrent est celle des papiers anglais pour les qualités supérieures, et des papiers génois pour les qualités communes.

« Depuis 1830, le nombre des cuves à papier s'est élevé de 50 à 70, qui produisent annuellement 150000 rames de papier, pesant ensemble un million de kilogrammes, dont la valeur peut être évaluée à 17 ou 18 cent mille francs.

« Les débouchés ne manquent pas à ces produits. Ils ne s'accumulent pas dans le pays. L'augmentation sensible de la matière est la seule contrariété qu'éprouvent les fabricans; mais les établissemens se perfectionnent, et en ce moment surtout on s'attache à tirer un meilleur parti des moteurs naturels.

« C'est à peine si l'industrie des tissus comptait un établissement à Nersac, et un à Angoulême, qui méritassent ce nom en 1830. — Il y a aujourd'hui à Nersac deux filatures nouvelles de laine, une de coton, deux fabriques de flotres pour la papeterie.

Deux nouvelles filatures de laine et de coton se sont également établies à Angoulême. Il existe à Saint-Michel, près de cette ville, un atelier de tissage de toiles métalliques, dont les produits ont été honorablement cités lors de la dernière exposition.

« Un atelier de moulage en fonte vient également de s'établir dans l'un des faubourgs de cette ville.

« L'industrie métallique ne fait pas de grands progrès, la houille manque, les bois sont chers, mais le minerai existe en grande abondance à la surface de la terre, et s'il était possible de le transporter à peu de frais sur les bords de la Charente, où la houille commence à aborder à meilleur marché par suite de la dernière modification des tarifs, il serait possible d'y établir une fabrication plus économique que celle qui

pourvoit en ce moment aux besoins du département (1).

« Les poteries de Saint-Eutrope et de Benest, les
tanneries de Ruffec, Confolens et Saint-Germain, se
sont améliorées sensiblement depuis 1830, mais rien ne
s'y fait en grand.

« Le commerce des eaux-de-vie est toujours le plus
important dans la Charente.

« Les dix années de 1822 à 1831, établissent un
chiffre commun de 85000 hectolitres pour les expor-
tations de chaque année pour l'Angleterre.

« 1832, 1833 et 1834 portent cette moyenne des
expositions annuelles à 115000 hectolitres, qu'on peut
évaluer à 9000000 de francs. Les expéditions à l'intérieur peuvent être évaluées à 3000000.

« Les nouvelles et brillantes constructions qui se
font remarquer à Cognac, et parmi lesquelles se dis-
tingue encore le magnifique et vaste établissement de
la maison Martell, sont des témoignages non moins
concluans de la prospérité de ce commerce.

« Les nombreuses voies de grande vicinalité qui se
dirigent sur le Limousin, ont déjà beaucoup facilité et
considérablement accru le commerce des départemens
de la Charente et de la Vienne, qui échangent entre
eux du vin, du sel et du bois merrain.

« Il n'existait que deux diligences dans la Charente,

---

(1) Le préfet s'occupe en ce moment d'un projet de jonction de la
Charente, non loin d'Angoulême, à la Dronne, sous Larochechalais,
ce qui confondrait, sous les rapports industriels et commerciaux, le
bassin de la Charente et celui de la Gironde. Le canal de jonction tra-
verserait précisément la partie du département la plus riche en minerai
de fer superficiel, et pourrait y conduire à bas prix les houilles de
l'Aveyron, descendant à Bordeaux par la Garonne.

méritant ce nom en 1830, encore partaient-elles de Saintes et de Limoges pour Angoulême.

« Chaque chef-lieu d'arrondissement a maintenant la sienne pour le chef-lieu du département. Cognac, Ruffec, Confolens, Barbezieux; Cognac en a deux.

« Le sous-préfet de Confolens ajoute qu'une compagnie est organisée à Bellac pour en établir une de Bellac à Angoulême ; qu'un autre service s'organise de Limoges à Poitiers par Confolens, et de Limoges à Nantes aussi par Confolens. Il affirme que le nombre des voyageurs passant à Confolens est plus que doublé depuis quatre ans.

« Tous les sous-préfets et M. le maire d'Angoulême s'accordent à reconnaître que, dans leur localité respective, le nombre des voyageurs a doublé depuis 1830.

« Les renseignemens recueillis des mêmes sources tendent à établir le même résultat qu'aux autres voitures privées, cabriolets, chars-à-bancs et chevaux de selle. Cette augmentation est surtout sensible dans les chefs-lieux de canton qui n'avaient pas encore de chemins carrossables en 1830, et à Angoulême, point central et chef-lieu.

« Les sous-préfets de Ruffec, de Cognac et de Confolens s'accordent à reconnaître un progrès extraordinaire depuis 1830 dans la manière de se vêtir, des habitans de la campagne.

« Au lieu de sabots, qui étaient leur chaussure ordinaire, et des étoffes grossières fabriquées dans le pays, dit le sous-préfet de Ruffec, hommes et femmes sont presque tous chaussés en souliers, et leurs vêtemens sont confectionnés avec des étoffes d'une certaine finesse, fabriquées dans le nord ou le midi ; les femmes surtout étalent un grand luxe dans leurs ajustemens, et surtout dans leur coiffure.

« Les étoffes de soie ont pénétré dans presque toutes

les communes de l'arrondissement de Cognac ; la magnifique population de cet arrondissement présente le
coup d'œil le plus attachant dans ses brillantes fré-
ries de la belle saison. Le luxe des femmes, en den-
telles et en joyaux, y est même porté trop loin. Mais
il n'est pas jusqu'au luxe de l'ameublement, dit le
sous-préfet de Cognac, et jusqu'à la recherche du bien
vivre, qui ne pénètre dans nos campagnes, comme
l'argenterie, les couteaux de table, etc. ; et comme il
n'y a point de petites choses, ajoute-t-il, dont on ne
puisse tirer une conséquence, je dirai que la presque
totalité des filles de la campagne ont des parapluies de
soie.

« Confolens, dit le sous-préfet de cet arrondissement, a vu, depuis 1830, beaucoup de nouveaux
marchands s'établir, et il en est de même des autres
villes et bourgs de l'arrondissement.

« Confolens compte en nouveaux marchands un ar-
quebusier, un confiseur, un ferblantier, deux quin-
caillers, deux marchands de draps et de nouveautés ;
depuis deux ans surtout leur débit a pris un accroissement considérable.

«Les nouvelles constructions de maisons depuis 1830
signalent aussi un accroissement d'aisance et de population ; elles se font particulièrement remarquer à
Confolens, à Cognac et à Angoulême. Il en a été cons-
truit soixante-douze à Angoulême, en 1833 et 1834,
et il y en a trente-deux en construction en ce moment,
ce qui supposerait 1920 maisons en construction pour
une ville de 900000 âmes. »

QUATRIÈME PARTIE.

INSTRUCTIONS. — TARIFS. — RÉGLEMENS. — SITUATIONS. — PROJET DE LOI.

Angoulême, le 26 novembre 1831.

A MM. les Inspecteurs-Voyers.

Monsieur ,

Les intentions que je vous ai déjà manifestées , de marcher le plus activement et le plus sûrement possible vers l'état le plus complet d'achèvement et d'entretien de toutes les routes vicinales du département, n'ont dû vous laisser aucun doute sur les bases d'un système de vicinalité telles que je les comprends et que je les crois indispensables pour atteindre le but désiré.

Je considère les communications des chefs-lieux de canton au chef-lieu d'arrondissement et à la route royale ou départementale la plus prochaine, comme devant fixer avant toute chose l'attention et l'intérêt de l'administration. Tout le reste doit être laissé à l'intérêt privé ou

9

communal, sauf quelques exceptions fort rares. Sans cela les fonds qu'il est permis d'affecter chaque année à cet emploi, répartis entre toutes les communes et semés sur toutes les communications qui les intéressent plus ou moins, sans aucun plan d'ensemble, sans aucune direction, pourraient être dépensés long-temps encore en pure perte.

Telle est l'opinion à laquelle j'ai cru devoir m'arrêter et qui m'a suggéré la pensée d'appeler tout l'intérêt du conseil-général du département sur ces communications principales qui doivent être classées immédiatement après les routes départementales, et qui ne sauraient être considérées néanmoins comme purement communales. Le conseil-général a bien voulu accueillir mes vues à cet égard, et se montrer disposé à en favoriser l'application. Il a mis à profit l'occasion que nous offre la loi du 6 novembre dernier, de faire participer le trésor de l'État aux travaux d'utilité départementale qui pourraient être entrepris immédiatement; et grâce au concours de ces deux moyens d'exécution, je ne désespère pas d'avoir à appliquer cet hiver de 20 à 30,000 fr. dans chaque arrondissement, à la réalisation du plan que je me suis proposé. Dans tous les cas, le travail préparatoire que je viens vous demander est indipensable; et je ne puis pas mettre en doute que vous n'ayez déjà tous les élémens nécessaires pour l'exécuter.

Il importe, Monsieur, que vous dressiez à l'instant même un plan indiquant, au moyen de trois teintes diverses, toutes les routes de votre arrondissement, qui servent déjà de communication de tous les chefs-lieux de canton au chef-lieu d'arrondissement, à la route royale ou départementale la plus prochaine, et aux chefs-lieux des cantons contigus. Vous y marquerez, par des traits transversaux, les parties de ces routes qui sont en bon état, qu'il faudrait élargir, qu'il importe de réparer ou qui sont à faire à neuf ou à peu près. Les lettres B, E, R et N, isolément ou combinées ensemble, vous serviront à désigner ces diverses situations sur chacune des parties de route comprises entre les traits transversaux indiqués précédemment. Un chiffre à côté de chaque lettre indiquerait la somme en francs que peuvent coûter les travaux à faire.

Si les communications des chefs-lieux de canton aux chefs-lieux des cantons contigus compliquaient trop ce travail et devaient en retarder l'exécution, vous pouvez négliger un moment cette partie du plan.

Je n'exige pas un plan d'une exactitude et d'un fini qui pourraient vous prendre trop de temps. Il me suffira d'y distinguer assez clairement les cinq ou six chefs-lieux de canton, les diverses communications qui les lient au chef-lieu d'arrondissement ou à la route royale ou départementale la plus prochaine, et les communes qui se trouvent sur le trajet ou qui en sont le plus rapprochées. Si je ne me trompe, Monsieur, la connaissance que vous devez avoir de ces communications principales dans votre arrondissement doit vous mettre à même d'esquisser tout de suite ce plan dans votre cabinet, sauf à le rectifier plus tard.

Il importe en effet que vous vous mettiez à même de le présenter dans un très-bref délai, avec un rapport à l'appui, à la commission que je me propose de former dans votre arrondissement, pour arrêter, de concert avec vous, le plan définitif des travaux à entreprendre et à suivre jusqu'à complète application de système adopté.

Cette commission se composera de sept à huit personnes choisies parmi les membres du conseil d'arrondissement et ceux du conseil-général qui y résident. Elle appréciera d'abord, Monsieur, sur le rapport que vous lui ferez, si le temps que vous pouvez donner à ce travail, votre aptitude, votre activité permettent que la direction vous en soit confiée.

Elle arrêtera d'abord les premiers travaux à entreprendre dès cet hiver sur chaque point, de telle sorte que ces travaux se rattachent toujours au plan définitif d'après lequel ils devront être suivis d'année en année, et pour la partie la plus essentielle et la plus pressée, sauf à parachever un peu plus tard ce dernier plan.

Elle fixera aussi le nombre de conducteurs à commissionner sous votre direction, et les divers ateliers à établir immédiatement, en combinant de son mieux la nécessité d'une stricte économie, et celle non moins importante d'une bonne exécution des travaux.

Elle recevra chaque mois vos comptes et entendra votre rapport sur les travaux exécutés durant le mois écoulé, et ceux à entreprendre dans le mois suivant.

Elle me proposera enfin le supplément de traitement qu'il pourrait être équitable de vous allouer pour exiger de vous toute l'activité indispensablement nécessaire à l'importante tâche que vous aurez à remplir et qui vous imposerait l'obligation, sans aucun doute, d'être presque constamment en course tout l'hiver.

Vous pouvez juger d'après cela, Monsieur, du haut intérêt que j'attacherai à vos travaux, et de l'importance que doit acquérir l'emploi qui vous est confié, soit en raison de son attribution, soit aussi en raison de sa partie supplémentaire du traitement, qui pourrait bien devenir permanente, si le conseil-général et les communes se décidaient, comme je n'en doute, à poursuivre avec persévérance, l'exécution d'un plan dont il dépendrait de vous, en grande partie, de lui faire apprécier tous les avantages.

Agréez, Monsieur, l'assurance de ma considération distinguée.

Le Préfet du département de la Charente,

LARREGUY.

—◄◄◆◆◆►—

Angoulême, le 27 décembre 1831.

A MM. les sous-Préfets.

MONSIEUR LE SOUS-PRÉFET,

JE viens de désigner, après vous avoir consulté, les membres de la commission qui doit s'occuper immédiatement avec vous de la tâche que je lui ai assignée dans ma circulaire à MM. les Inspecteurs-voyers, du 26 novembre dernier, insérée au nᵒ 623 du Recueil des Actes administratifs. Leur nomination et les principales dispositions constitutives de la commission ont été l'objet de l'arrêté dont je vous adresse ci-joint une ampliation.

J'ai fixé au 7 janvier prochain la première réunion de la commission.

Vous voudrez bien faire parvenir immédiatement à chacun de ses membres un extrait de mon arrêté constatant sa nomination et une convocation pour le jour ci-dessus fixé.

Afin de déranger le moins possible MM. les Membres de la commission, il conviendra que chaque séance ait la durée nécessaire pour arrêter toutes les dispositions d'exécution sur lesquelles il importerait de se fixer avant la réunion suivante, qui ne devra pas s'ajourner au-delà d'un mois, et qui pourra l'être à quinze jours.

Dès que la commission sera constituée, par la nomination d'un président et d'un secrétaire, elle aura à se prononcer sur les questions suivantes :

L'inspecteur-voyer est-il l'homme capable de diriger, dans l'arrondissement, les travaux d'un bon système de vicinalité, d'après les bases établies dans ma susdite circulaire du 26 novembre? (Si la répouse était négative ; il faudrait consulter à l'instant même la commission, et me proposer de lui substituer la personne jugée la plus capable.)

Cette question étant résolue affirmativement, la commission aura à fixer le supplément de traitement provisoire qui serait alloué au commissaire-voyer sur les fonds affectés à cette dépense, en 1832, par le conseil-général et M. le Ministre du commerce. Ce traitement provisoire ne pourrait excéder 600 fr.

Cela fait, M. le Commissaire-voyer serait introduit et ferait son rapport, dont les conclusions devraient être d'ouvrir immédiatement au moins un atelier dans chaque canton, et sur le point qui aurait le plus d'importance pour la réalisation du système de travaux qui est irrévocablement déterminé par la susdite circulaire et par l'arrêté ci-joint. Plusieurs points pouvant être d'un égal intérêt, d'après l'avis de M. l'Inspecteur-voyer ou de la commission, vous vous efforcerez de faire accorder la préférence à ceux pour lesquels les communes s'offriraient à contribuer pour la plus forte part. Vous n'avez pas un moment à perdre pour consulter à ce sujet les communes qui ne vous auraient pas déjà fait parvenir leurs propositions.

Dans tous les cas, la commission ne devra pas se séparer, lors de cette première séance, sans avoir arrêté une première base des travaux à suivre progressivement chaque année pour obtenir, dans un temps déterminé, l'achèvement complet des communications principales qui composent tout le système, et sans avoir déterminé tout au moins, ainsi qu'il a été dit ci-dessus, l'ouverture d'un atelier par canton, pour le 15 janvier au plus tard.

Tous les pauvres valides y seront admis sur un certificat de leur maire respectif, mais sous la direction d'un piqueur responsable dont la journée sera payée en conséquence.

Les travaux devront être divisés en travaux de déblais et de remblais, et en travaux d'une exécution plus difficile.

Les uns et les autres ne seront payés qu'à la tâche, et après inspection du commissaire-voyer ou de son délégué dans chaque canton.

Le prix des journées de chacune de ces deux classes de travaux sera différent. Les pauvres seront employés aux plus faciles.

Il sera ajouté au prix de la journée, pour le travail des pauvres, un ou deux sous par lieue, suivant la distance de leurs demeures à l'atelier.

Je pense que ces dispositions principales seront accueillies par la commission, et également arrêtées dans sa première séance.

Vous voudrez bien lui donner lecture de la présente, et lui exprimer combien je m'estime heureux de pouvoir compter sur sa coopération pour remplir la tâche difficile que je me suis imposée, dans le but important que l'administrateur de ce département doit avoir sans cesse devant lui, ce me semble, jusqu'à ce qu'il lui ait été donné de l'atteindre.

Agréez, Monsieur le sous-Préfet, l'assurance de ma considération très-distinguée.

Le Préfet du département de la Charente,

LARREGUY.

ARRÊTÉ.

Considérant qu'il importe de réunir au plus tôt, dans chaque chef-lieu d'arrondissement, les commissions qui doivent être instituées, aux termes de notre circulaire à MM. les inspecteurs-voyers, insérée au Recueil des Actes administratifs Nº 623, dans le but d'arrêter, dans chaque arrondissement, le plan des travaux qui devront être successivement exécutés pour la complète exécution du système de vicinalité tel qu'il est établi dans la susdite circulaire ;

Vu la délibération du conseil-général du département, du 12 novembre dernier ;

Vu la lettre de M. le Ministre du commerce, d'après laquelle une somme de 30000 fr. a été allouée au département de la Charente sur les crédits ouverts par la loi du 6 novembre dernier, pour être ajoutée à pareille somme imputable sur celle dont le conseil-général a voté la contribution extraordinaire sur l'impôt foncier de 1832 ;

Nous avons arrêté et arrêtons ce qui suit :

Article premier.

La somme de 60000 fr., composée de l'allocation ministérielle et d'une portion de celle qui a été votée par le conseil-général du département, et applicable aux principales communications qui doivent servir de base au système de vicinalité tel que nous l'avons soumis et proposé au conseil-général du département dans sa session extraordinaire du 12 novembre dernier, sera répartie comme suit entre les divers arrondissemens :

Angoulême. . . . . 18350 f. ⎫
Barbezieux. . . . . 11390 ⎪
Cognac. . . . . 10740 ⎬ 60000 f.
Gonfolens. . . . . 12000 ⎪
Ruffec. . . . . 7520 ⎭

Art. 2.

Les commissions , composées de MM. les membres du conseil-général du département et des conseils d'arrondissement ci-après désignés, se réuniront le 7 janvier prochain, à midi, en l'hôtel de la préfecture, ou dans les sous-préfectures respectives de chaque arrondissement.

Art. 3.

Chaque commission sera installée par le sous-préfet de l'arrondissement, et procédera immédiatement à sa constitution, en faisant élection d'un président et d'un secrétaire.

Art. 4.

Notre susdite circulaire du 26 novembre dernier, insérée au N° 623 du Recueil des Actes administratifs , et notre lettre de ce jour à MM. les sous-Préfets, dont il sera donné par ceux-ci lecture à la commission aussitôt qu'elle se sera constituée, serviront de base et de limite aux travaux de la commission.

Art. 5.

M. le secrétaire de la commission rédigera un procès-verbal de chacune de ses séances, qui sera approuvé à l'ouverture de chacune d'elles par les membres présens, et dont une ampliation devra nous être adressée.

Art. 6.

Les délibérations des commissions ne seront susceptibles d'autres rectifications que de celles que nous jugerions nécessaires pour les mettre en harmonie avec le système établi et avec les fonds disponibles sur les allocations fixées.

Art. 7.

La présence de la moitié, plus un, des membres nommés, suffira pour valider les délibérations prises.

Art. 8.

Sont nommés membres de ces dernières commissions dans chaque arrondissement, savoir:

(*Suivent les désignations des membres de chaque commission.*)

Art. 9.

MM. les sous-Préfets représenteront l'administration supérieure dans chaque commission, et y auront voix délibérative. MM. les commissaires-voyers y seront appelés et entendus chaque fois que la majorité de la commission en témoignera le désir.

Art. 10.

MM. les sous-Préfets sont chargés, chacun en ce qui le concerne, de l'exécution du présent arrêté.

Angoulême, le 27 décembre 1831.

Le Préfet du département de la Charente,

LARREGUY.

———————

Angoulême, le 25 janvier 1832.

A MM. les sous-Préfets.

Monsieur le sous-Préfet,

Je reprends les instructions que j'ai eu l'honneur de vous adresser sur les travaux relatifs à mon système de vicinalité, au point où je les ai laissées.

La commission que vous avez réunie, conformément à mon arrêté du 27 décembre dernier, a signalé les communications principales sur lesquelles elle pensait que les travaux devaient être commencés de préférence.

Je me suis réservé la faculté néanmoins de modifier ces propositions, suivant que me paraîtraient l'exiger les conditions primitives du système établi.

La première de ces conditions, vous le savez, c'est que les travaux entrepris dans ce but soient aussi solidement exécutés, aussi complets et aussi étendus que possible dans la direction adoptée.

Nous n'avons pourtant, cette année, à appliquer à ces travaux qu'une somme déterminée, plus considérable, sans doute, que celles qui ont été destinées en aucun temps à ces sortes de communication, mais qui serait encore insuffisante pour obtenir un résultat tant soit peu efficace, si les communes intéressées ne venaient pas joindre leurs prestations à l'argent que je suis en mesure de faire dépenser sur leur territoire.

Or, vous le savez, Monsieur le sous-Préfet, ce que les communes peuvent le mieux faire, et ce qui est aussi le plus important, le plus coûteux dans la confection des chemins, c'est le transport des matériaux sur les lieux, lorsqu'elles peuvent y joindre surtout l'extraction des carrières ou l'enlèvement dans les champs.

D'autres travaux également, tels que les déblais, la fouille, le creusement des fossés, peuvent être exécutés par les communes qui sentent le prix des communications qu'on veut leur donner, et qui désirent en jouir le plus tôt possible.

Tels sont les motifs, Monsieur le sous-Préfet, qui m'ont fait vous presser si vivement dans mes dernières instructions, d'obtenir les votes les plus importans possibles en prestations des communes intéressées aux communications signalées par la commission, sans leur laisser ignorer que, si j'apercevais de leur part trop peu d'empressement à seconder l'administration dans son désir de les faire jouir au plus tôt de ce bienfait, force me serait d'écouter d'autres propositions, et de céder à un zèle plus empressé et plus éclairé qui se manifesterait dans d'autres localités.

Je n'attends plus, en conséquence, que le relevé que vous avez à m'adresser des prestations votées par les communes intéressées aux communications signalées par la commission, pour vous mettre en mesure de faire ouvrir les travaux sur les points désignés.

Il importe même que les communes sachent bien (et à cet effet je ferai insérer en son entier cette instruction dans le Recueil des Actes administratifs) que très-probablement ce système sera suivi d'année en année, qu'il comprendra toutes les communications principales de la nature de celles qu'embrasse le système arrêté, et qu'alors même que les travaux auront été ouverts sur une communication, ce sera sur celle où les communes manifesteraient le plus d'empressement à seconder l'administration départementale, que se porteront de préférence les fonds alloués.

Quant au meilleur emploi possible des prestations et à la combinaison d'après laquelle nous pourrions concilier au mieux les avantages d'une unique et bonne direction des travaux, avec ceux de la coopération des communes tout aussi importante que vous pourriez l'obtenir d'elles, voici les dispositions auxquelles je me suis arrêté.

Vous verrez que je n'ai pas non plus négligé la condition presque rigoureuse de rattacher à mon plan l'emploi des indigens valides que les ateliers ouverts seront susceptibles d'utiliser, et la possibilité de les faire payer deux et trois fois par semaine, alors même que les fonds alloués ne seraient pas exactement disponibles aux époques voulues. C'est précisément aussi ce qui doit me permettre de commencer au plus tôt sur tous les points, bien que l'allocation du trésor n'ait pas encore été mise à ma disposition, et que les centimes votés par le département ne puissent être recouvrés qu'avec les rôles de 1832.

J'ai reconnu, Monsieur le sous-Préfet, que je ne pouvais parvenir à satisfaire à toutes ces conditions à la fois qu'en résolvant ce double problème :

1º Trouver et distinguer les prix les plus bas auxquels pourraient s'effectuer les divers ouvrages dont se compose le confectionnement d'une bonne route vicinale de premier ordre, et réduire, autant que possible, cette dépense en argent, en faisant intervenir les prestations des communes pour la plus forte partie possible des travaux à exécuter, sans s'exposer pour cela à perdre tous les avantages de l'unité et d'une bonne direction des travaux ;

2º Trouver aussi un entrepreneur dont la responsabilité, la fortune et l'habileté éprouvée suffiraient à toutes les conditions ci-dessus exprimées, et qui consentirait, en outre, à se charger en entier ou partiellement de tous les travaux distingués dans la solution de la question qui précède, aux prix arrêtés par suite de la solution de la première question.

Je crois avoir rempli ce double but, autant que possible, par le concours de M. Bernier, commissaire-voyer de cet arrondissement, dont la longue expérience et une remarquable aptitude pour ce genre de travail m'ont puissamment aidé à traiter à fond la première question, et moyennant l'adhésion d'un de nos principaux entrepreneurs aux conditions qui lui ont été proposées, sauf toutefois celles plus avantageuses encore qui pourraient nous être offertes avec les mêmes garanties.

C'est après avoir réuni plusieurs fois ces messieurs, et après avoir discuté et débattu avec eux tous les points susceptibles d'être éclaircis, que je me suis arrêté aux dispositions suivantes, auxquelles je vous invite à vous conformer en tous points.

§ 1er. La route sera tracée par le commissaire-voyer, et la part afférente à chaque commune, également déterminée par lui. L'entrepreneur sera tenu d'assister à cette opération.

§ 2. L'entrepreneur devra faire connaître la nature et la quantité de matériaux que chaque commune devrait apporter sur les bords de la route, pour remplir la distance de chaussée afférente à chacune d'elles, et l'époque à laquelle ce transport aura dû être effectué pour que les travaux n'éprouvent aucun retard.

§ 3. Le commissaire-voyer, appuyé par M. le sous-Préfet et secondé par les maires, arrêtera le nombre de journées en prestations nécessaires, en 1832, pour accomplir le transport des matériaux réclamés par l'entrepreneur; il excitera les communes à voter un supplément de prestations, si celles déjà votées étaient insuffisantes.

Il fera connaître à l'entrepreneur les autres travaux, outre le transport des matériaux dont les communes consentiraient à se charger sous la direction dudit entrepreneur.

§ 4. Les travaux commenceront aussitôt sur les points désignés par la commission, ou que je vous aurai signalés moi-même sur votre proposition.

§ 5. Le chemin devra avoir une largeur uniforme de six mètres entre fossés, ainsi que l'autorise la loi du 9 ventôse an XIII, maintenue par celle du 28 juillet 1824. Les chemins ou parties de chemin plus larges devront être maintenus dans leur largeur actuelle.

§ 6. La chaussée de ces chemins aura quatre mètres de largeur, bordures comprises, et avec une épaisseur de trente centimètres, dont le bombement n'excédera pas le niveau des bordures de plus de seize centimètres, et ne sera généralement que de douze centimètres.

§ 7. Ils seront élevés au-dessus du niveau des terres dans les pays plats, dût-on en changer l'assiette là où le terrain l'exigerait absolument, et bordés de fossés d'au moins quatre-vingt-deux centimètres d'ouverture à leur surface, cinquante centimètres de profondeur et trente-trois centimètres de largeur dans le fond; à ces fossés aboutiront de distance en distance des rigoles transversales.

§ 8. Les charges que ces chemins ont à supporter étant bien moins pesantes que celles qui transitent sur les grandes routes, leur pente, quand il y aura lieu, pourra être réduite à huit centimètres par mètre.

§ 9. Le tracé du chemin, quand il sera possible de le changer, sera fait, autant que faire se pourra, sur le terrain le plus solide, en faisant en sorte que les remblais puissent s'effectuer avec les déblais des fossés.

§ 10. La direction et la pente des chemins une fois fixées par des piquets plantés sur l'axe de la route, la largeur de la chaussée sera déterminée par deux autres lignes parallèles distantes de deux mètres.

§ 11. Les bordures qui suivront les côtés de rives de la chaussée seront placées dans une tranchée de vingt centimètres de profondeur, qui aura été préalablement ouverte pour les recevoir, et précédées par des repères espacés de trois mètres, et qui ne pourront avoir moins de vingt-cinq à trente centimètres de longueur. Les bordures seront posées sur l'angle de quarante-cinq degrés, et bien rapprochées les unes des autres avec un bon joint.

§ 12. L'espace compris entre les deux lignes de bordures formera un encaissement dont la ligne transversale décrira une courbe parallèle à celle qui doit former la chaussée, et dont les extrémités viendront aboutir au fond de la tranchée des bordures. Cet encaissement sera rempli d'un empierrement de trois couches, dont la première sera construite avec les plus grosses pierres arrangées à la main et bien serrées; la seconde en pierres moins grosses, répandues également sur la première, et frappées avec la masse pour ne laisser aucun vide. Ces deux couches devront remplir l'encaissement jusqu'au niveau des bordures.

La troisième couche sera formée de petites pierres ramassées dans les champs, ou cassées à la grosseur d'un œuf, et établira le bombement du chemin à la dimension de douze à seize centimètres, tel qu'il sera déterminé, d'ailleurs, par les piquets plantés sur l'axe du chemin, afin d'obtenir le plein-voyant d'une pente à l'autre.

Les commissaires-voyers pourront consentir, partout où ils le jugeront convenable, à n'exiger que deux couches; mais, dans ce cas, les pierres seront posées de chan dans la première, où elles seront également rangées à la main, et l'épaisseur de la totalité de la chaussée sera toujours de trente centimètres.

§ 13. Cette dernière couche ne devra jamais être recouverte de sable (si ce n'est pourtant de sable quartzeux ou graveleux qui serait excellent), et encore moins de terre. Quelle que soit la sensation douloureuse que doivent éprouver les animaux non ferrés dans les premiers jours du parcours, on ne saurait trop insister sur l'observation de cette disposition, afin d'éviter la désunion qui en résulterait dans l'empierrement, ce qui compromettrait très-prochainement la solidité de la route.

§ 14. Dans les parties de chemin sablonneuses ou graveleuses, dans celles enfin qui, au moyen d'un entretien peu dispendieux, présenteront toujours assez de résistance aux envahissemens de l'eau et à la pesanteur des voitures, il ne sera pas fait de chaussée, sauf toutefois aux approches des bourgs ou des parties argileuses du chemin.

§ 15. Si la nécessité de faciliter l'écoulement des eaux qui s'épanchent des terres voisines se fait sentir dans les bas-fonds, par exemple, où il n'y a pas de pont et où l'on peut se dispenser d'en faire, il sera formé des cassis pour en faciliter le cours. Ces cassis seront établis sur toute la largeur de la route, et d'une longueur proportionnelle à la pente ; dans tous les cas, ils ne pourront avoir moins de huit mètres de longueur ; ils seront formés de pavés d'environ vingt centimètres, et bien échantillonnés, afin d'obtenir toute la solidité désirable ; ils seront de plus bien assis sur le sable, recouverts de même et bien battus à la demoiselle.

§ 16. L'entrepreneur devra se conformer rigoureusement à toutes les dispositions qui précèdent, et ne négligera rien d'ailleurs pour faire exécuter les travaux confiés à sa seule direction avec toute la solidité voulue, et conformément aux règles de l'art, sauf à obtempérer aux ordres par écrit de M. le sous-préfet ou de M. le commissaire-voyer.

§ 17. Il devra se mettre en mesure d'assister au tracé de la route, conformément au paragraphe qui précède, et d'ouvrir ses ateliers, sur les points fixés par le commissaire-voyer, dans le plus bref délai et au plus tard d'ici au 15 du mois prochain.

§ 18. La somme à dépenser sur chaque chemin dans cette campagne lui sera signifiée par le sous-préfet, afin qu'il ne puisse, dans aucun cas, l'excéder, si ce n'est à ses périls et risques.

§ 19. L'entrepreneur fera sur tous les points les avances de fonds nécessaires, et fera effectuer, jusqu'à deux et trois fois par semaine, s'il le faut, le paiement des indigens valides, qu'il sera tenu d'accepter de la part des communes, tout autant que ses travaux le lui permettront.

§ 20. L'entrepreneur ne touchera, dans aucun cas, au-delà des quatre cinquièmes de la valeur de ses travaux, au fur et à mesure de leur avancement, et sur le certificat du commissaire-voyer. Le dernier cinquième ne lui sera payé qu'après la réception légale ou définitive de tous les travaux, qui aura lieu en présence de l'un de MM. les membres du conseil-général faisant partie de la commission créée par mon arrêté du 27 décembre dernier.

§ 21. Si l'entrepreneur ne s'était pas conformé à toutes les dispositions précédemment énoncées, et qu'il fût reconnu par le commissaire-voyer, qui en dresserait procès-verbal, une irrégularité ou défectuosité quelconque dans les travaux exécutés, il sera tenu de faire à ses frais toutes les démolitions et reconstructions nécessaires pour y remédier ; et à son défaut, elles auraient lieu à ses frais, moyennant une retenue sur les premiers paiemens à lui faire.

§ 22. L'entrepreneur ne pourra, dans aucun cas et sous aucun prétexte, céder les travaux qu'il aura entrepris, sans le consentement du préfet.

§ 23. L'entrepreneur ne pourra se refuser à changer quelques formes sur la route, quand il en recevra l'ordre par écrit du commissaire-voyer.

§ 24. L'entrepreneur consent à ce que les ouvriers à ses frais soient placés sur les points où le commissaire-voyer remarquerait une trop grande lenteur dans les travaux, après toutefois que le commissaire-voyer lui aura fait parvenir un simple avertissement à ce sujet.

§ 25. L'entrepreneur sera tenu de suivre le tracé de la route, quand il aura été arrêté en sa présence par le commissaire-voyer.

§ 26. Les prestations des communes seront employées par l'entrepreneur, quelle que soit leur importance, en déduction des travaux dont il est seul chargé ; et, en conséquence, le prix des divers travaux d'un mètre linéaire de route est détaillé et arrêté comme suit (1) :

Pierre extraite des carrières .... » fr. 65 c.

(Nota. Si elle était ramassée dans les champs, elle ne serait comptée qu'à 35 c.)

Chargement de la pierre......	»	12
Transport à la distance de mille mètres réduits............	1	10
Main-d'œuvre, comprenant l'encaissement, les bordures, empierremens et accotemens, fourniture d'outils, brouettes, chaînes, niveau, en un mot, la totalité du travail pour confectionnement de la route, sauf le transport des matériaux et les fossés......................	»	60
Fossés , y compris le transport des terres sur les chemins.	»	33
Totalité du mètre linéaire de chemin...	2	80

§ 27. Ces prix ne sont applicables qu'à des travaux neufs ou refaits à neuf, le commissaire-voyer devant avoir le soin de distinguer sur chaque communication et de marquer par des piquets les portions de chemin où de simples réparations pourraient suffire.

§ 28. Le tarif de réduction pour le transport des pierres selon la distance, non compris la charge qui est toujours de 12 c. par mètre cube, s'établira en ajoutant ou en retranchant 4 c. par cinquante mètres, suivant que la distance sera au-dessus ou au-dessous de mille mètres.

§ 29. La prestation des communes se divisant en journées d'hommes et journées de transport, il y aura lieu à faire constater la quantité de matériaux transportés par chaque commune sur les abords de la route,

---

(1) La chaussée étant de quatre mètres de largeur sur trente centimètres d'épaisseur, il en résulte que chaque mètre linéaire comprendra un mètre vingt centimètres cubes, ce qui fera six mètres cubes pour cinq mètres linéaires.

et le nombre de journées d'hommes mises à la disposition de l'entrepreneur par les maires. L'entrepreneur, à cet effet, sera tenu de délivrer, jour par jour, au maire de chaque commune ayant fourni des
prestations, une reconnaissance des journées d'hommes employées par
lui, et de la quantité de matériaux transportés sur les abords de la
route, ainsi que des voitures ou bêtes de somme employées à ces
transports. Cette reconnaissance sera également fournie pour la quantité de matériaux déjà apportés sur les abords de la route au moment
où les travaux seront entrepris.

§ 30. Il pourrait aussi convenir dans plusieurs localités, de fixer à
chaque commune la portion d'encaissement du chemin qui devrait être
remplie par elle, et dans ce cas aussi le commissaire-voyer déduirait
la totalité du prix du transport et du chargement du compte de l'entrepreneur.

§ 31. Le décompte de l'entrepreneur sera donc facile à faire par
l'inspecteur-voyer.

Il lui sera tenu compte des mètres linéaires de chemin, fossés compris, à raison de 2 fr. 80 c., et de ce prix seront déduits tous les travaux exécutés par les prestations, savoir :

Le transport des matériaux y compris le chargement, à raison de
1 fr. 87 c. le mètre linéaire ; ce qui réduirait à 93 c. le montant du
mètre linéaire de chemin, fossés compris ; et c'est de ce dernier résultat que seraient encore à déduire les journées en prestation fournies
par les communes à raison de 75 c. la journée, vu que la journée de
prestation n'est généralement évaluée qu'à un quart au-dessous de la
journée ordinaire.

§ 32. Rien ne prouve mieux sans doute à quel point les communes
peuvent contribuer à accroître par ce système l'importance des travaux dont elles doivent profiter, avec la même somme allouée par le
trésor public et le département ; rien ne saurait stimuler davantage,
en conséquence, le zèle de MM. les sous-préfets, de M. le commissaire-voyer et de MM. les maires, pour obtenir de la part des communes intéressées la coopération la plus forte possible en prestations.

§ 33. Le compte de l'entrepreneur ne sera pas moins facile à établir
enfin, là où il serait indispensable de lui faire exécuter partie des
transports avec ou sans extraction de la pierre, et partie ou totalité de
la main-d'œuvre sans le secours des journées de prestation des communes, puisque les prix de ces derniers travaux sont établis et arrêtés
dans le paragraphe qui précède.

§ 34. Là où il y aura lieu à établir des cassis pour l'écoulement des
eaux, ainsi que c'est prévu par le paragraphe de l'instruction qui pré-

cède, l'entrepreneur sera payé par addition de ces travaux, sous la déduction des mètres linéaires que ces cassis comprendront.

§ 35. Le commissaire-voyer est essentiellement chargé de coopérer au tracé de la route avec l'entrepreneur, de déterminer les parties de la route où des travaux seraient à faire ou à refaire à neuf, de lui assurer constamment la largeur du chemin telle qu'elle est déterminée par le § 5, de se concerter, à cet effet, avec les maires, d'aplanir à ce sujet toutes les difficultés qui pourraient s'élever, de passer outre en se tenant dans les termes de la loi, ou de faire franchir le point en litige pour pousser plus loin les travaux, de faire les devis estimatifs des ponts là où il s'en trouverait à faire, de régler, de concert avec les maires, les transports de matériaux et les prestations en journées de leurs communes respectives, de délivrer des certificats de libération aux contribuables des prestations d'après les reconnaissances de l'entrepreneur, de surveiller le bon confectionnement de la route d'après les dispositions précédemment énoncées, d'exiger que les travaux se poursuivent sur tous les points avec l'activité voulue, de donner par écrit et sous sa responsabilité tous les ordres d'urgence que pourraient exiger la marche des travaux ou des circonstances imprévues, de faire le compte de l'entrepreneur conformément aux prescriptions ci-dessus mentionnées, de faire un rapport succinct une fois par semaine au sous-préfet, et un rapport plus développé une fois par mois à la commission sur l'état des travaux dans tout l'arrondissement, d'apposer sur les états de paiement de l'entrepreneur son visa sans lequel le mandat nécessaire ne pourrait lui être délivré.

§ 36. Le commissaire-voyer devra s'attacher particulièrement à faire intervenir les communes pour la plus grande somme des travaux possibles, soit en journées d'hommes, soit en journées de transports; et soit que les transports soient effectués par les communes, soit que l'entrepreneur les exécute, il ne négligera rien pour indiquer les lieux d'extraction de la pierre les plus rapprochés, ni ceux où on pourrait le plus facilement la ramasser dans les champs; et s'il existait des pierres réunies en gros tas ou enclavées dans les terres, il s'efforcerait d'obtenir des propriétaires la faculté de les enlever ou de se frayer un passage pour les aller charger. Tous ses soins enfin devront tendre à obtenir constamment la plus grande étendue possible de chemin bien confectionné, avec la moindre somme d'argent à dépenser sur chaque communication; tel est le résultat, en effet, qui me servira le plus efficacement à apprécier son zèle et l'utilité de ses services.

§ 37. Toute la comptabilité des travaux sera constamment à jour sur les livres et carnets du commissaire-voyer. Il ouvrira compte à l'entrepreneur sur chaque chemin, et un compte de prestation à chaque commune.

L'entrepreneur sera crédité dans son compte du montant de tous les travaux évalués en mètres linéaires, d'après le détail des prix énoncés au § 25, et débité du montant des sommes en argent qu'il aura reçues, ainsi que de la valeur des transports et journées effectués par les communes.

Le compte des communes sera crédité de toutes les journées d'hommes et transports fournis par elles, et débité de la totalité de ces mêmes journées qu'elles se seraient obligées à fournir.

§ 38. MM. les maires, après avoir fait tous leurs efforts pour pénétrer leurs administrés de tout l'avantage des communications dont l'autorité supérieure s'efforce de les faire jouir, et de la nécessité pour eux d'y contribuer par leurs prestations dans la plus forte proportion possible, après avoir enfin régularisé leur coopération par une délibération en due forme du conseil municipal, ne négligeront rien pour rendre ces prestations effectives, et pour en assurer les résultats les plus efficaces et les plus importans par les moyens de libération les plus propres à cet effet.

Les bons maires pour moi, ceux qui auront le plus mérité l'assentiment de l'administration et la reconnaissance de leurs concitoyens, seront ceux qui, par leurs démarches, leur exemple et leur zèle, auront excité et obtenu le plus d'efforts individuels de la part de leurs administrés, pour coopérer à l'inappréciable et commun avantage de bonnes et nombreuses communications ; car, pour que les bons chemins soient nombreux, il faut que les principaux, les plus importans d'entre eux, soient mis le plus tôt possible en état de parfaite viabilité et d'entretien.

Quant à vous, Monsieur le sous-Préfet, indépendamment de la haute surveillance qui vous est réservée sur tous ces travaux, vous voudrez bien les visiter souvent, en suivre les progrès, et mettre tout en œuvre pour que les résultats de ce premier essai de l'intervention des fonds départementaux dans la confection des principales routes dites *vicinales* jusqu'ici, mais auxquelles il faudra donner, tout au moins, la dénomination d'*arrondissementales*, me mettent à même de solliciter et d'obtenir du conseil-général du département la permanence de ses secours et de son appui jusqu'à complet achèvement de ces communications principales, que je considère comme la base essentielle et rigoureusement nécessaire d'un bon système de vicinalité.

C'est à ces ramifications de premier ordre en effet, dont les routes royales et départementales sont les artères principaux, que s'empresseront, n'en doutez pas, de se rattacher les intérêts privés et communaux, sans qu'il soit nécessaire pour cela de les y exciter davantage. Tous nos efforts et ceux des communes, au contraire, se consumeraient en pure perte, si nous les affaiblissions en les divisant, et les disséminions enfin, comme on l'a fait jusqu'ici, sur les 453 communes du département, ou plutôt sur les 9000 villages ou hameaux dont ces 453 communes se composent.

Or, vous devez être pénétré comme moi, Monsieur le sous-Préfet, de tout ce qu'il y a d'élémens de prospérité et de progrès pour ce département, dans la réalisation de toutes les communications utiles dont il est susceptible. Il se peut, en effet, que l'allégement de l'impôt, par de grandes économies dans les dépenses publiques, offre de graves difficultés ; mais ce qui est certainement possible, c'est d'arriver au même but par l'amélioration des revenus ou l'accroissement des produits. Or, pour cela, Monsieur le sous-Préfet, *les chemins, les chemins, et puis encore les chemins,* sont les trois grands moyens de succès que je ne saurais trop recommander à votre sollicitude.

Agréez, Monsieur le sous-Préfet, l'assurance de ma considération très-distinguée.

Le Préfet du département de la Charente,

LARREGUY.

Angoulême, le 25 janvier 1832.

A MM. les Maires.

Monsieur le Maire,

Les travaux dont il s'agit dans l'instruction qui précède, et ceux que chaque commune peut être appelée à faire exécuter sur son territoire, peuvent rendre nécessaire que je vous rappelle les dispositions d'après lesquelles vous pouvez et devez assurer la largeur des chemins vicinaux conservés sur leur territoire.

La loi du 9 ventôse an XIII a chargé l'administration publique de rechercher et reconnaître les anciennes limites des chemins vicinaux, et de fixer, d'après cette reconnaissance, leur largeur, suivant les localités, sans pouvoir la fixer néanmoins au-delà de six mètres, ni faire aucun changement à ceux qui excédaient alors cette largeur.

Les dispositions prescrites par cette loi ont reçu leur exécution dans ce département pour le plus grand nombre des communes. Il doit exister dans vos archives une délibération du conseil municipal et un arrêté de l'un de mes prédécesseurs, qui déterminent les chemins conservés à la charge de la commune, et la largeur qu'ils doivent avoir.

Si ces documens n'existaient pas, vous voudriez bien demander une expédition de l'arrêté, concernant votre commune, à M. le sous-préfet de votre arrondissement, ou à moi directement en ce qui touche l'arrondissement d'Angoulême.

Si votre commune était du petit nombre de celles dont les chemins n'ont pas été classés en vertu d'un arrêté préfectoral, vous voudriez bien réunir immédiatement votre conseil municipal pour lui faire prendre une délibération qui désignerait clairement les seuls chemins à entretenir aux frais de la commune, et fixerait leur largeur d'après les dispositions de la loi du 9 ventôse an XIII, que je vous ai rappelée plus haut ; vous feriez lire et publier ledit état pendant deux dimanches consécutifs ; vous me remettriez immédiatement cette délibération, avec un certificat constatant que la susdite publication a eu lieu sans qu'il y ait eu aucune réclamation. Cette remise me serait faite directement ou par l'intermédiaire de M. le sous-préfet, qui, dans ce dernier cas, l'accompagnerait de son avis. Pour éviter toute recherche inutile à cet égard, et exciter MM. les maires, dont les communes sont en retard sous ce rapport, à procéder, dans le plus bref délai possible, à ce travail, je donne ci-après la liste des communes pour lesquelles il n'existe pas d'arrêté de classement de leurs chemins sur les registres de la préfecture.

Dès que vous vous serez assuré, Monsieur le Maire, que cet arrêté existe pour votre commune, et que vous en aurez connaissance, vous ne devez point hésiter à en exiger l'observation par tous les moyens que la loi et l'autorité dont vous êtes investi, mettent à votre disposition. Vous devez considérer tout ce qui porte atteinte à la largeur des chemins, telle qu'elle est fixée par cet arrêté, comme une anticipation sur la voie publique, qu'il vous appartient de faire constater par un procès-verbal, pour poursuivre, s'il y a lieu, les auteurs devant le tribunal de simple police, et vous devez, en outre, faire rétablir immédiatement la largeur du chemin dans sa dimension légale, telle qu'elle a été fixée ou qu'elle le sera par l'arrêté dont il s'agit.

Cet arrêté, en effet, tel qu'il a été rendu par mes prédécesseurs, conformément aux lois, dit en propres termes :

« M. le maire de   est chargé de faire donner auxdits
« chemins la largeur prescrite, et de veiller à ce qu'elle soit exacte-
« ment conservée. »

Vous devez donc, sous votre responsabilité, vous conformer à cette
disposition, et en exiger l'exécution rigoureuse.

Agréez, Monsieur le Maire, l'assurance de ma considération distinguée.

Le Préfet du département de la Charente,

LARREGUY.

Angoulême, le 4 février 1832.

A MM. les sous Préfets.

Monsieur le sous-Préfet,

Un article a été omis dans l'instruction relative aux principales communications vicinales ; c'est celui qui fixe le prix des travaux de terrassemens, quand il y aura lieu à en ordonner sur les communications
dont on s'occupe. Les travaux de toute nature devant être appréciés
d'avance d'après le système combiné de l'entreprise et des prestations
en nature, soit pour les régler avec l'entrepreneur, soit pour en déduire le montant de son compte quand les communes les auront exécutés elles-mêmes, il importe qu'aucun doute ne puisse s'élever à ce
sujet. Voici donc, en conséquence, les prix auxquels ces divers travaux seront précomptés :

Si l'entrepreneur fouille seulement, il aura par mètre cube. 14 c.
S'il transporte au jet de pelle, il y aura augmentation de... 16
S'il transporte à la distance de trente ou quarante mètres... 15

centimes..... 45

L'augmentation du transport, en raison de la distance, ne commencera qu'à partir de soixante mètres inclusivement ; auquel cas l'ensemble des travaux ci-dessus énumérés sera porté à 48 c.

Il y aura 3 c. d'augmentation en sus, par trente mètres de distance,
jusqu'à trois cents mètres.

La distance de trois cents mètres ne devrait être excédée qu'autant que les délais ne pourraient être portés ailleurs, vu qu'il y a plus d'avantage d'emprunter des terres au pied du remblai que de faire parcourir à celles du déblai une plus longue distance.

S'il se trouve du rocher dans les terrassemens, l'extraction en sera payée à l'entrepreneur en raison de la difficulté qu'il présentera, et la pierre en provenant sera employée à la chaussée du chemin.

Dans tous les cas, les journées de prestations telles qu'elles sont évaluées dans l'instruction précitée, seront déduites à l'entrepreneur du montant de ses travaux.

Je profite de cette occasion pour fixer davantage MM. les maires et MM. les commissaires-voyers sur la quantité de charrois de matériaux nécessaires pour la portion de chemin afférente à chaque commune : il est reconnu que pour deux mètres linéaires d'un chemin de la largeur convenue, il faut trois charretées à deux bœufs de matériaux, soit quatre-vingt-dix charretées, par exemple, pour soixante mètres linéaires.

Il n'y aura donc aucune difficulté à apprécier la quantité de prestations en transports et en journées d'hommes qu'il importera d'obtenir de chaque commune.

C'est encore ici le cas de le rappeler à MM. les sous-préfets et à MM. les maires : plus il y aura de journées de prestations fournies, moins il y aura d'argent payé à l'entrepreneur, et plus il pourra se faire de chemin avec la même somme.

Le zèle de MM. les sous-préfets, de MM. les commissaires-voyers, de MM. les maires, la confiance qu'ils peuvent inspirer, doivent essentiellement contribuer à obtenir à cet égard le meilleur résultat possible. Je le répète, c'est à la quantité de mètres linéaires de chemins, obtenus avec la moindre somme possible, que je mesurerai leur aptitude et leur activité pour l'un des plus importans services confiés à leur direction ou à leur surveillance.

Agréez, Monsieur le sous-Préfet, l'assurance de ma parfaite considération.

Le Préfet du département de la Charente,

LARREGUY.

Angoulême, le 9 février 1833.

A MM. les sous-Préfets et Commissaires-voyers, et à MM. les Maires dont les communes sont plus particulièrement intéressées aux communications vicinales de premier ordre que nous avons nommées arrondissementales.

MESSIEURS,

LE développement du système complet de vicinalité que j'ai appliqué à ce département, et qui doit avoir pour base les communications vicinales de premier ordre que j'ai qualifiées d'*arrondissementales,* parce qu'elles doivent lier d'abord les chefs-lieux de canton au chef-lieu d'arrondissement et aux routes royales et départementales les plus prochaines, ne se présente déjà plus comme une espérance, c'est une réalité qui frappe tous les yeux, éveille et excite tous les intérêts auxquels l'intelligence d'un tel bienfait n'est pas complétement refusée.

Trente-six mille mètres de chaussées, ou neuf lieues de poste entièrement terminées en sept mois, avec encaissement, bordures, première et seconde couches, fossés même partout où ils ont été jugés nécessaires, attestent ce que peut une volonté consciencieuse et forte, quand elle est secondée par un concours aussi empressé, aussi éclairé que celui que vous m'avez tous prêté, Messieurs; et dont je sens le besoin de vous exprimer toute ma reconnaissance. Ces trente-six mille mètres de route en comprennent deux mille environ, exécutés d'après le même système avec des fonds distincts jusqu'ici de ceux qui lui étaient spécialement affectés (1), et j'ai déjà fait remarquer, dans mon rapport de 1832 au conseil-général, que la somme en argent et en prestations, absorbée par ces travaux, avait également servi à tracer et ouvrir 22950 mètres linéaires en sus des 36000 ci-dessus, et à payer 78660 mètres cubes de terrassemens sur ces mêmes communications.

Aussi n'est-ce plus à de pressantes invitations aux communes en re-

______

(1) MM. les commissaires-voyers voudront bien comprendre désormais dans leurs états le montant de tous les travaux exécutés avec toute autre ressource que celles des communes ou des souscriptions volontaires, dans une colonne ainsi désignée : SUR LES FONDS DÉPARTEMENTAUX.

tard que nous devons exclusivement songer, c'est à accueillir, à coor-
donner, à seconder de tous nos moyens les offres de concours qui nous
arrivent de toutes parts.

Nul doute que c'est ici le cas d'appliquer, avec tout l'empressement
que peut permettre la conservation des travaux exécutés et leur développement nécessaire, le principe d'encouragement aux communes et
aux intérêts privés qui nous a valu déjà de si heureux résultats.

S'il était donc possible d'en agir toujours rigoureusement ainsi, je
vous dirais, Messieurs, qu'il y a lieu de placer un atelier et de rétribuer par conséquent un conducteur partout où il y a des matériaux à
pied-d'œuvre et des journées à employer, soit par l'effet des prestations
en nature, soit par suite de souscriptions volontaires, ou de contribution extraordinaire votée dans les formes légales.

Vous me trouverez même toujours disposé, autant que mes ressources pourront me le permettre, à vous accorder sur les fonds départementaux des sommes équivalentes à la valeur réelle des travaux exécutés sur chaque communication avec les ressources communales de
toute nature, pourvu que ce soit sur les routes déjà commencées ; mais
je m'explique ici, je dis la valeur *réelle* calculée d'après le tarif de mon
instruction sur des travaux exécutés, et non d'après une évaluation plus
ou moins exacte des journées d'hommes, bœufs ou chevaux qui auraient été employées. Vous connaissez donc, Messieurs, quel est le
moyen le plus efficace de déterminer ma préférence pour des allocations
extraordinaires sur les communications qui vous intéressent. L'évaluation de ces travaux, garantis par MM. les commissaires-voyers et exa-
minés par MM. les sous-Préfets, sera donc la pièce de rigueur à l'appui de tout paiement de cette nature.

Vous apprendrez avec plaisir que le conseil-général du département,
dont l'appui moral et les secours matériels m'ont si puissamment aidé
dans l'application de ce système, m'a alloué tout ce que les ressources
de nos budgets lui ont laissé disponible, après avoir satisfait aux dépenses les plus obligatoires et les plus urgentes. Nous aurons donc
cette année, sous diverses dénominations, à peu près la même somme
que l'année dernière à affecter à cet emploi.

C'est le cas de jeter maintenant un coup d'œil, Messieurs, sur les
procédés et moyens économiques que nous aurait révélés l'expérience,
pour poursuivre, avec plus d'avantage encore, le plan que je vous ai
tracé par mes précédentes instructions. Veuillez tous me seconder à
cet effet, et vous mettre en mesure de diriger vos observations, ap-
puyées, autant que possible, de faits clairement précisés ou d'expé-
riences faites, vers les commissions mixtes d'arrondissement, que

MM. les sous-Préfets reçoivent l'ordre de réunir le 2 du mois pro-chain, et auxquelles ils soumettront tous les renseignemens recueillis par eux à cet effet.

Je désire que cette lettre, comme compte rendu de la situation gé-nérale des travaux du département, et comme exposé de mes vues ultérieures, soit lue dans le sein de ces commissions par MM. les sous-Préfets, et je crois devoir en conséquence y déposer le tribut de mes propres observations.

Il est d'abord de quelque importance, ce me semble, que j'y rap-pelle les dispositions les plus importantes de mon instruction fonda-mentale du 25 janvier 1832, dont plusieurs d'entre vous, Messieurs, me semblent avoir méconnu quelquefois le véritable esprit ou l'exacte signification.

Toute mon instruction est fondée sur cette condition essentielle que l'entrepreneur doit recevoir en décharge de son compte, à des prix déterminés d'avance par le tarif compris dans cette instruction, tous les travaux effectués par les prestations en nature, ou par toute autre ressource communale, de telle sorte que si les terrassemens, le char-gement de la pierre, le transport et les fossés étaient effectués par les communes, il ne resterait plus à tenir compte à l'entrepreneur que de 60 centimes par mètre linéaire *de route*, pour la main d'œuvre de cons-truction de la chaussée, comprenant l'encaissement, les fournitures d'outils, de brouettes, chaînes, niveaux, en un motif, la totalité du tra-vail (*voir* l'art. 26 de l'instruction du 25 janvier 1832).

Ce prix lui-même, ainsi que celui des autres travaux également tari-fés dans la même instruction (*voir* le tarif supplémentaire pour les ter-rassemens, au n° du Recueil 634 *bis*), ne sont alloués à l'entrepreneur que pour des travaux neufs ou refaits à neuf, après vérification faite par le commissaire-voyer (art. 27 de l'instruction du 25 septembre 1832).

L'observation rigoureuse de l'art.   de la même instruction n'aurait pas permis qu'il y eût jamais erreur à ce sujet.

Vous voyez donc, Messieurs, qu'en faisant intervenir les ressources communales de toute nature pour exécuter les divers travaux de la route avec plus d'avantage que ne pourrait le faire l'entrepreneur, ou qu'il n'en résulterait des prix dont nous avons à lui tenir compte, vous pouvez réaliser toute l'économie possible sur l'exécution des travaux.

Rien n'empêche même que, dans des circonstances extraordinaires, et lorsqu'il s'agira de communes extrêmement pauvres, ou dont les ressources seraient épuisées, vous ne me demandiez de faire exécuter vous-mêmes des extractions et des transports de matériaux, des terrassemens et des fossés, de telle sorte que nous eussions à déduire le montant de ces travaux à l'entrepreneur suivant les prix tarifés, tandis que vous ne les auriez réellement payés qu'à des prix très-inférieurs. Mon système donc a toujours eu pour but de rendre exécutable toute économie possible, sans nous priver cependant d'une bonne direction et de la rapidité si désirable dans ces sortes de travaux, quand elle ne nuit pas à leur solidité ; car, vous le savez, Messieurs, en fait de route, jouir le plus tôt possible, est aussi d'une immense valeur.

Les résultats les plus avantageux d'après ce système bien compris ont été exécutés dans quelques localités. A Reignac, par exemple, arrondissement de Barbezieux, la commune a fourni sept cents journées d'hommes pour les terrassemens, qui ont été précomptées à l'entrepreneur ; et indépendamment de cela, la même commune a transporté, en totalité, les matériaux nécessaires pour les six à sept cents mètres de route déjà exécutés sur son territoire ; eh bien, sur cette route l'entrepreneur n'a eu à recevoir que 60 centimes par mètre de chaussée, sur lesquels il y a même eu une réduction de 10 centimes pour quelque partie de route où le terrain naturel suffisait. Je cite cet exemple pour qu'on puisse apprécier partout l'économie d'argent qu'il est possible de réaliser même avec l'intervention de l'entrepreneur.

La commune de Vars, dans l'arrondissement d'Angoulême, a fourni à elle seule une valeur réelle de 3,000 fr. de prestations sur son territoire.

Les communes de Montbron, Jauldes et Dignac, dans le même arrondissement ; celles de Salles et Challignac, dans l'arrondissement de Barbezieux, ont aussi continué à se faire remarquer ; celles de Montembœuf et Ansac, dans l'arrondissement de Confolens ; de La Faye, dans l'arrondissement de Ruffec, méritent une mention particulière.

Je regrette de ne pouvoir citer encore, dans l'arrondissement de Cognac, que les prestations votées, mais non encore réalisées, des communes de Mainxe et Segonzac.

Dans une autre localité, à Saint-Laurent, canton de Montmoreau, M. le colonel Ganivet, maire de cette commune, n'a pas attendu l'entrepreneur. Il a fait tracer la route par le commissaire-voyer. Il a fait venir un maître-ouvrier reconnu capable, et l'a placé à la tête de son atelier. Il a ainsi obtenu trois cents mètres de chaussées qui paraissent très-bien construites, avec une somme de 154 fr., absorbée presqu'en entier par le salaire du maître-ouvrier. Les habitans de la commune ont fait tout le reste. M. le sous-Préfet de Barbezieux est chargé cependant de faire inspecter cette partie de route, de s'assurer de son bon confectionnement, et de m'informer s'il n'aurait pas été alloué à cette commune quelque secours sur les fonds d'atelier de charité pour l'extraction de la pierre, et si dans la main-d'œuvre de la chaussée ne se trouvent pas des journées d'hommes qui auraient été précomptées à l'entrepreneur, ce qui pourrait rendre alors ce mode plus coûteux que ne l'aurait été l'emploi de l'entrepreneur; l'entrepreneur, en effet, n'aurait eu à percevoir que 60 centimes par mètre, soit 180 fr., s'il n'avait eu à fournir que la main d'œuvre de la chaussée; et si les journées d'hommes des 300 mètres de chaussée avaient été déduites à l'entrepreneur, il n'en aurait coûté, en l'employant, que 123 fr. au lieu de 151.

Je me propose d'intéresser chaque arrondissement à obtenir, sous ce rapport, les meilleurs résultats; et à cet effet, je vais répartir entre eux les deux tiers de la somme affectée à cet emploi dans la proportion combinée des contributions qu'ils paient et du développement, déjà obtenu par eux, des communications en voie d'exécution sur leur territoire. Il est clair que celui d'entre eux qui aura réalisé le plus de développement de route avec la moindre somme dépensée, aura le mieux réussi. L'autre tiers de la somme restera affecté aux besoins extraordinaires de chaque arrondissement, et sera réparti en raison du succès de chacun d'eux. Il est clair aussi que plus un arrondissement aura obtenu de travaux achevés, et mieux il se trouvera placé pour avoir une part plus forte dans la prochaine répartition de fonds.

Il est enfin un point essentiel sur lequel l'attention des commissions devra se porter, et pour lequel aussi je réclame toute la vôtre; c'est l'entretien des portions de routes déjà achevées. Vous reconnaîtrez qu'il est de la plus haute importance qu'une telle tâche ne soit subordonnée, dans aucun cas, à une éventualité quelconque; toute route est détruite si elle n'est entretenue et si son entretien n'est pas suivi sans interruption et dirigé avec intelligence. Il faut donc renoncer à abandonner exclusivement ce soin aux communes, reste alors à examiner si nous prélèverons en entier les frais d'entretien sur les fonds départementaux, ou si nous appellerons les communes à fournir tout au moins les matériaux nécessaires. La commission commence par reconnaître que, même dans l'état actuel de la législation, l'entretien des routes vicinales est tout entier à la charge des communes riveraines. Je pense donc que la quantité de matériaux que devra fournir chaque commune aux abords de la route qui la traverse, et la nature de ces matériaux, suivant les localités, devront être arrêtées et déterminées par le commissaire-voyer, ainsi que les époques où ces matériaux devront être apportés par les communes. Faute par les communes cependant de satisfaire à cette obligation aux époques voulues, le cantonnier arrondissemental, ou l'adjudicataire de l'entretien, serait tenu d'y pourvoir suivant les prix arrêtés aux tarifs, et le mémoire en serait remis au préfet, qui prononcerait en conseil de préfecture, conformément à l'article 9 de la loi du 28 juillet 1824.

Il n'y aurait donc plus, d'après ce système, qu'à se décider pour la main d'œuvre entre des cantonniers nommés par l'administration et salariés sur les fonds départementaux, et un adjudicataire responsable. Dans l'un et l'autre cas, la dépense serait peu importante ; car c'est toujours l'extraction et le transport des matériaux qui coûtent le plus.

Telles sont, Messieurs, les observations et le supplément d'instruction que j'avais à vous transmettre sur l'exécution du système de vicinalité auquel vous avez déjà prêté un si utile concours. Je vous invite à vous pénétrer de son esprit et de ses principales dispositions, et à contribuer, autant qu'il sera en vous, à en faciliter l'intelligence et en assurer l'exécution.

Agréez, Messieurs, l'assurance de ma parfaite considération.

Le Préfet du département de la Charente,

LARREGUY.

ARRÊTÉ.

Nous, PRÉFET du département de la Charente, chevalier de la Légion-d'Honneur, décoré de la croix de juillet,

Attendu que la réception définitive des travaux des routes arrondissementales exécutés par l'entrepreneur Philippon, avec le concours des prestations des communes, ne pourra avoir lieu qu'au fur et à mesure de l'achèvement de chaque ligne de communication ;

Attendu que si l'entretien des parties achevées n'était pas à la charge du même entrepreneur, des difficultés pourraient s'élever à l'occasion de l'état de ces routes, lorsqu'il y aurait lieu de procéder à la réception des travaux ;

Considérant que le même mode qui a été employé jusqu'ici pour l'exécution des travaux, peut être appliqué avec le même avantage à l'entretien ;

Nous avons arrêté et arrêtons ce qui suit :

Article premier.

La fourniture des matériaux nécessaires pour l'entretien des parties de routes de grande vicinalité qui sont achevées, sera réglée par les commissaires-voyers, en raison des besoins de chaque commune, et effectuée par les communes que ces portions de routes traversent; les mêmes commissaires-voyers régleront aussi l'époque où ces matériaux devront être apportés sur les abords de la route; mais cette fourniture devra s'élever au moins, pour chaque commune, à trente-deux mètres et cinquante centimètres cubes par mille mètres de chaussée; ils seront placés sur l'un des côtés de la route, et divisés en cent trente tas, espacés de centre en centre de sept mètres soixante-dix centimètres, de la forme d'un prisme triangulaire dont la base sera de deux mètres cinquante-trois centimètres de longueur, soixante-six centimètres de largeur et trente-trois centimètres de hauteur. Eu égard au peu de largeur des accotemens de la route, et pour faciliter aussi l'emploi que devra faire le cantonnier stationnaire, la pierre sera cassée à la grosseur d'un cube de cinq centimètres de côté (1 pouce 10 lignes).

Art. 2.

Les matériaux devront être de la qualité voulue pour le meilleur entretien de la route, et l'entrepreneur sera tenu de pourvoir à ses frais sur les parties de route où il aura fourni les matériaux, à toute fourniture excédant les quantités ci-dessus mentionnées, et qu'exigerait le parfait entretien de la route.

Quand la commune fournira les matériaux, le commissaire-voyer jugera s'il y a lieu à augmenter sa fourniture, en raison de la qualité des matériaux.

Si, dans certaines localités et par extraordinaire, l'entrepreneur avait dû fournir quelques mètres cubes de plus de matériaux à cause de l'extrême fréquentation de la route, il pourra lui être accordé un supplément de dix mètres cubes par mille mètres linéaires.

Art. 3.

L'entrepreneur sera chargé de la mise en œuvre des matériaux par des cantonniers placés par lui et agréés par nous, sur la proposition des commissaires-voyers.

Art. 4.

L'entrepreneur fournira lui-même les matériaux suivant le tarif des prix et des distances fixés par notre instruction du 25 janvier 1832, sur les communes qui, au 30 septembre prochain, n'y auront pas déjà pourvu elles-mêmes.

Art. 5.

La main d'œuvre sera payée à l'entrepreneur sur les fonds départementaux, à raison de 5 cent. le mètre linéaire.

Art. 6.

Si l'entrepreneur a dû procéder à la fourniture des matériaux, il en fera constater l'arrivée et l'emploi sur les routes par M. le maire de la commune, ou son adjoint, et par M. le commissaire-voyer chargé de l'acceptation, et le mémoire qui en sera dressé nous sera présenté pour que nous prononcions à cet égard, en conseil de préfecture, conformément aux art. 4 et 9 de la loi du 28 juillet 1824.

Art. 7.

L'entretien des chemins étant à la charge des communes, celles-ci devront acquitter les mémoires que nous aurons rendus exécutoires, en ce qui touche particulièrement les fournitures de matériaux, et l'entrepreneur devra se conformer à ce mode de réglement.

Art. 8.

Moyennant les dispositions qui précèdent, l'entrepreneur est responsable du parfait entretien de toutes les parties de routes achevées, et il ne sera payé du montant des travaux exécutés sur chaque ligne, que sur le certificat du commissaire-voyer attestant que l'entretien de ces parties de routes est en parfait état.

Art. 9.

L'entrepreneur devra nous faire connaître, dans les trois jours qui suivront la notification qui lui sera faite du présent arrêté, s'il adhère à toutes ses dispositions, et s'il accepte toute la responsabilité qui en résulte pour lui.

Art. 10.

Nous nous réservons d'adopter au bout d'un an toutes autres mesures qui nous paraîtront plus convenables pour assurer l'entretien desdites routes, sans qu'il en puisse résulter aucune considération que l'entrepreneur voudrait faire accueillir dans son intérêt, lors de la réception définitive des travaux qui aura lieu selon les formes voulues au moment de l'achèvement de chaque ligne de communication, ou plus tôt si le cas y arrivait.

Fait à Angoulême, hôtel de la préfecture, le 9 septembre 1833.

Le Préfet du département de la Charente,

LARREGUY.

ARRÊTÉ.

Nous, PRÉFET du département de la Charente, chevalier de la Légion-d'Honneur, décoré de la croix de juillet,

Considérant qu'avant d'appliquer au système de grande vicinalité, que nous avons entrepris et exécuté jusqu'ici avec les seules ressources ordinaires du département, le produit de l'emprunt voté par le conseil général, il importe d'arrêter définitivement le chiffre des dépenses faites, auxquelles lesdites ressources auront pu suffire;

Considérant qu'une vérification générale des comptes de l'entreprise par les commissions départementales que nous avions instituées par notre arrêté du 27 décembre 1831, pour la surveillance des travaux et le contrôle de la comptabilité, et dont nous avons dû renouveler la composition depuis la formation des conseils élus, ce qui a eu lieu par notre arrêté du 21 mai dernier, ne saurait avoir lieu dans un moment plus opportun;

Considérant que, si le système de l'entreprise générale avait été le seul applicable à un essai de coopération du département et de la commune, dans lequel celle-ci devait pouvoir employer ses prestations en nature, il nous a paru qu'il était devenu possible maintenant de diviser ces travaux et d'éprouver à leur égard le système d'adjudication, ce qui du reste a été approuvé par le conseil-général;

Considérant qu'il est, en conséquence, d'autant plus nécessaire de mettre le conseil-général à même, dans sa prochaine session, d'apprécier exactement le résultat de chacun de ces deux systèmes en ce qui touche la moyenne du prix du mètre linéaire de chaussée et la nature des travaux;

Nous avons arrêté et arrêtons ce qui suit :

ARTICLE PREMIER.

Les commissions mixtes instituées par notre arrêté du 27 décembre 1831, et renouvelées par celui du 21 mai dernier, se réuniront dans le courant de septembre prochain, sur la convocation du sous-préfet de chaque arrondissement, pour procéder à la vérification de la comptabilité générale des travaux de grande vicinalité exécutés dans leur arrondissement jusqu'au 1er septembre.

ART. 2.

Leur premier soin sera de s'assurer si les livres de comptes ou registres présentés aux commissaires-voyers par notre instruction du 25 janvier 1832, ont été régulièrement tenus, et s'ils se sont conformés à toutes les dispositions de cette instruction et de celles qui les ont suivies.

Art. 3.

Le résultat final de cet examen devra être la fixation définitive des chiffres qui suivent :

La quantité de mètres cubes de terrassemens exécutés sur chaque communication ;

La quantité de mètres linéaires de chaussées ;

Idem des matériaux extraits par l'entrepreneur ;

Idem des matériaux transportés par ledit entrepreneur ;

Idem des matériaux extraits par les communes ;

Idem des matériaux transportés par les communes ;

Idem des journées d'hommes fournies par les communes ;

Idem des journées de voitures fournies par les communes ;

Le montant des souscriptions ou allocations en argent des communes et des particuliers ;

Idem des fonds départementaux employés sur chaque communication;

Les terrassemens effectués sur les parties de route dont la chaussée n'est pas terminée ;

Le prix du mètre linéaire de chaussée exécuté sur chaque communication ;

Le prix du mètre cube des terrassemens exécutés sur les parties de route non terminées ;

Le montant des sommes reçues par l'entrepreneur ;

Le chiffre de ce qui lui reste dû.

Art. 4.

Toutes ces données devant exister déjà dans la comptabilité de MM. les commissaires-voyers, puisqu'elles ont servi d'élémens aux situations mensuelles qu'ils nous ont adressées, ces messieurs n'auront qu'à présenter à la commission mixte un tableau général par communication et par commune, dont les colonnes seront précisément remplies par les chiffres ou quantités mentionnées dans l'article précédent, et d'apporter à l'appui de ce tableau les livres et documens qui doivent servir à sa justification.

Art. 5.

Nous faisons parvenir, de notre côté, à chaque commission le tableau des renseignemens que nous avons cru devoir recueillir dans les communes, et qui, tout incomplets qu'ils sont, pourront servir néanmoins à contrôler les états de MM. les commissaires-voyers.

Art. 6.

Le tableau mentionné en l'art. 4, quand il aura été définitivement arrêté par la commission, devra nous être adressé, dûment visé et arrêté par elle et par M. le sous-Préfet.

Art. 7.

Si la commission, ainsi que c'est probable, ne peut terminer cette vérification dans sa première réunion, elle pourra s'ajourner à d'autres jours déterminés jusqu'au 1er octobre prochain, époque à laquelle MM. les sous-Préfets devront me remettre dans tous les cas le tableau précité, dûment vérifié et visé par eux.

Fait à Angoulême, le 30 août 1834.

Le Préfet du département de la Charente,

LARREGUY.

⸻

Nota. Ici aurait dû se placer l'arrêté préfectoral du 18 septembre 1835, établissant la répartition de la partie de l'emprunt affectée à chaque arrondissement pour ses routes de grande vicinalité; mais on a vu que plus tard cette affectation n'a plus été subordonnée qu'au nombre de routes accordées à chaque arrondissement.

⸻

ARRÊTÉ.

Nous, PRÉFET du département de la Charente, chevalier de a Légion-d'Honneur, décoré de la croix de juillet;

Considérant que les travaux entrepris sur les chemins de grande vicinalité l'ont toujours été au nom et pour le compte des communes auxquelles ces chemins appartiennent et avec le secours du département;

Considérant que nous ne pouvons entreprendre ou poursuivre les travaux qu'à la charge par les communes de leur ouvrir passage et de s'assurer des terrains nécessaires soit pour l'élargissement desdits chemins, soit pour leur changement d'assiette lorsque c'est absolument nécessaire;

Considérant que le système d'adjudication dont nous allons faire l'essai pour la continuation desdits travaux, doit être, en conséquence, appliqué par les communes ou avec leur concours;

Nous avons arrêté et arrêtons ce qui suit :

ARTICLE PREMIER.

Sur les projets dressés par les commissaires-voyers, vus par les Sous-préfets et approuvés par nous, les divers travaux à exécuter par adjudication dans chaque arrondissement, devront être adjugés publiquement au chef-lieu de chacun d'eux , savoir :

A Cognac, le 24 janvier courant.
A Ruffec, le 26   *idem*.
A Confolens , le 28   *idem*.
A Angoulême, le 30   *idem*.
A Barbezieux , le 2 février prochain.

ART. 2.

L'adjudication sera faite par MM. les Sous-préfets, dans leur arrondissement respectif, en présence de MM. les Maires des communes dont le territoire est traversé par le chemin sur lequel les travaux adjugés doivent être exécutés, et de MM. les commissaires-voyers des arrondissemens , qui signeront le procès-verbal d'adjudication.

Elle aura lieu sur soumission cachetée, conformément au projet d'affiche annexé au présent arrêté.

ART. 3.

Le projet d'affiche indiquera la série de prix de chaque nature de travaux, conformément au tarif qui en a été établi dans nos instructions générales des 25 janvier et 4 février 1832.

L'adjudication aura lieu en faveur de l'adjudicataire qui offrira le plus de rabais sur le prix total du mètre courant de chaussée, ledit rabais devant être ensuite appliqué à chacun des travaux portés au détail.

ART. 4.

L'adjudication sera définitive dès que nous l'aurons approuvée.

ART. 5.

MM. les Sous-préfets sont chargés d'assurer l'exécution du présent, chacun en ce qui le concerne.

Fait à Angoulême, le 12 décembre 1834.

Le Préfet du département de la Charente ,

LARREGUY.

11

ADJUDICATION DE TRAVAUX PUBLICS.

LE PRÉFET du département de la Charente prévient le public qu'il sera procédé, à l'heure de midi, par MM. les sous-Préfets, dans leur arrondissement respectif, et en présence de MM. les Maires des communes traversées par ces directions, à l'adjudication, sur bordereau de prix, des travaux de construction des routes de grande vicinalité ci-après désignées, dans l'ordre suivant, SAVOIR :

1º *A Cognac,* le 24 janvier 1835, travaux de construction d'une portion de la route arrondissementale de Cognac à Macqueville, à partir du pré du sieur Marchand, et se dirigeant vers la forêt de Jarnac, telle qu'elle est indiquée au plan, sur une longueur totale de.. 4610 m.

2º *A Ruffec,* le 26 janvier 1835, travaux de construction d'une portion de la route arrondissementale de Ruffec à Melle, à partir du cimetière de la commune de Bernac en se dirigeant sur la commune de la Forêt-de-Tessé, jusqu'à 132 mètres en avant sur le territoire de ladite commune, et au-delà de l'embranchement de la Rouzatière allant à Bernière, sur une longueur totale de...................... 6000 m.

3º *A Confolens,* le 28 janvier 1835, travaux de construction d'une portion de la route arrondissementale de Confolens à Brigueuil, partie comprise entre son embranchement à Lesterps, avec celle de Confolens à Moutrolet, et le commencement de l'empierrement avant la croix de Saint-Michel, sur une longueur totale de. .... 394 m.

4º *A Angoulême,* le 30 janvier 1835, travaux de construction de la portion de route d'Angoulême à Aigre par Montignac, partie comprise entre l'empierrement déjà fait à la sortie de Chalonne, vis-à-vis le chemin qui conduit au Pontouvre, et le coin sud-est de la maison du sieur Jean Bonvalet, commune de Balzac, sur une longueur totale de 2893 m.

5º *A Barbezieux,* le 2 février 1835, travaux de construction de la portion de la route arrondissementale de Barbezieux à Baignes, partie comprise entre la butte de l'Argillier dite de la Galoche, et l'entrée du bourg de Baignes, sur une longueur de.................... 4400 m.

Conditions de l'Adjudication.

L'adjudication aura lieu sur série de prix et sur chaque nature de travaux indiqués au tarif qui en a été établi dans nos instructions générales des 25 janvier et 4 février 1832, insérées aux Recueils nos 634 et 634 *bis* de nos Actes, et dont le détail suit ; SAVOIR (1) :

Pierres extraites des carrières........................ » f. 65 c.
(*Nota* Si elle était ramassée dans les champs , elle ne serait comptée qu'à 35 c.)
Chargement de pierre................................ » 12
Transport à la distance de mille mètres réduits......... 1 10
Main-d'œuvre comprenant l'encaissement, les bordures , empierremens et accotemens , fourniture d'outils, brouettes, chaînes, niveaux, en un mot, la totalité du travail pour confectionnement de la route, sauf le transport des matériaux et les fossés.................................... » 60
Fossés, y compris le transport des terres sur les chemins.. » 33

    TOTALITÉ du mètre linéaire du chemin............. 2 80

Prix des travaux de terrassement lorsqu'il y aura lieu d'en ordonner.

Si l'entrepreneur fouille seulement, il aura par mètre cube » f. 14 c.
S'il transporte au jet de pelle, il y aura augmentation de... » 16
S'il transporte à la distance de trente ou quarante mètres... » 15

    CENTIMES......................... » 45

L'augmentation du transport en raison de la distance ne commencera qu'à partir de 60 mètres inclusivement, elle sera alors de trois centimes, et il y aura trois centimes d'augmentation en sus par trente mètres de distance jusqu'à trois cents mètres.

L'adjudication aura lieu en faveur du soumissionnaire qui offrira le plus de rabais sur le prix total du mètre courant de chaussée confectionné d'après les prix établis ci-dessus ; ledit rabais sera ensuite appliqué à chacun des travaux portés au détail.

----

(1) La chaussée étant de quatre mètres de largeur sur trente centimètres d'épaisseur, il en résulte que chaque mètre linéaire comprendra un mètre vingt centimètres cubes, ce qui fera six mètres cubes pour cinq mètres-linéaires.

L'entrepreneur sera tenu de se conformer strictement sur tous les points aux clauses et conditions contenues dans nos instructions précitées des 25 janvier et 4 février 1832, dont il lui sera donné connaissance soit dans les bureaux de la préfecture et des sous-préfectures, soit aux mairies des communes traversées par les routes mises en adjudication, soit enfin chez les inspecteurs-voyers des divers arrondissemens ; lesquelles instructions seront considérées comme cahier des charges. Il sera en outre assujéti à la retenue d'un dixième sur le montant des travaux qu'il aura exécutés jusqu'à leur acceptation et au réglement définitif de son décompte, et à se soumettre exclusivement à la juridiction du conseil de préfecture pour les difficultés de toute nature qui pourraient se présenter.

L'adjudication ne sera définitive qu'après notre approbation ; l'entrepreneur mettra les travaux en activité immédiatement après l'accomplissement de cette formalité.

Les concurrens pourront prendre connaissance des projets au bureau de l'intérieur de la préfecture à Angoulême, dans les bureaux des sous-préfectures pour les arrondissemens, et dans les bureaux des commissaires-voyers.

Aucun entrepreneur ne sera admis à concourir s'il n'a joint à sa soumission :

1° Un certificat de capacité délivré par un des ingénieurs des ponts et chaussées, ou par l'inspecteur-voyer dans chaque arrondissement ;

2° La déclaration de l'immeuble qu'il offre d'affecter à son cautionnement ; un extrait du rôle de la contribution foncière à laquelle cet immeuble est imposé, et un certificat du conservateur des hypothèques indiquant s'il existe ou non des inscriptions sur ledit immeuble ;

3° *Dans le cas où il ne pourrait se cautionner lui-même*, une promesse de cautionnement, consentie sur papier timbré, par un propriétaire solvable, avec désignation de l'immeuble affecté, l'extrait du rôle de la contribution foncière de cet immeuble, et le certificat du conservateur des hypothèques.

La soumission sera renfermée seule sous une première enveloppe cachetée, et mise ensuite sous une seconde enveloppe avec le certificat de capacité et les pièces relatives au cautionnement, pour le tout former un paquet tel qu'en l'ouvrant on puisse prendre connaissance des pièces qui doivent faire admettre ou rejeter le concurrent avant de connaître la soumission.

Les paquets ainsi faits porteront pour suscription sur la seconde enveloppe : *Travaux des routes de grande vicinalité, arrondissement de*....... — SOUMISSION.

Toute soumission qui ne serait pas faite et remise conformément aux dispositions ci-dessus indiquées, sera réputée nulle et non avenue.

Angoulême, le 5 janvier 1835.

Pour le Préfet de la Charente en congé :

Le doyen des Conseillers de Préfecture, délégué,

GANIVET.

RÉSULTAT DES PROCÈS-VERBAUX D'ADJUDICATION.

Angoulême, partie de la route de grande vicinalité d'Angoulême à Aigre, partie comprise entre la sortie de Chalonne et la maison du sieur Jean Bonvalet :

Un seul soumissionnaire s'est présenté et a demandé une augmentation de 15 p. 100 sur les prix portés dans l'instruction du 25 janvier 1832.

Barbezieux, partie de la route de grande vicinalité de Barbezieux à Baignes, comprise entre la butte de l'Argillier et l'entrée du bourg de Baignes :

Il ne s'est présenté aucun concurrent.

Cognac, partie de la route de grande vicinalité de Cognac à Macqueville :

Un seul soumissionaire s'est présenté qui a pris les travaux aux prix portés dans l'instruction précitée.

Confolens, partie de la route arrondissementale de Confolens à Brigueuil, comprise entre Lesterps et Confolens :

Un seul soumissionnaire s'est présenté qui a pris les travaux aux prix portés dans l'instruction précitée.

Ruffec, partie de la route de grande vicinalité de Ruffec à Melle, partie comprise entre le cimetière de Bernac et l'embranchement de la Rouzatière, commune de la Forêt-de-Tessé, sur une longueur de 132 mètres :

L'entrepreneur actuel des travaux s'en est chargé aux prix portés dans l'instruction ; il ne s'est présenté aucun autre concurrent.

Angoulême, le 17 avril 1835.

A MM. les Membres du Conseil-général chargés de l'inspection des routes arrondissementales.

MONSIEUR,

Vous avez bien voulu vous charger, en exécution de mes arrêtés des 21 décembre 1831 et 21 mai 1834, de l'inspection des routes arrondissementales ou de grande vicinalité qui traversent le canton de votre résidence, ou que vous représentez au conseil-général.

Vous savez ce que j'attends de votre bienveillant concours, et de votre sollicitude, surtout, pour les intérêts du département, dans l'accomplissement de la tâche que vous avez bien voulu accepter, soit que votre attention s'arrête à la confection des travaux, soit qu'elle soit plus particulièrement excitée par le réglement périodique des comptes de l'entrepreneur.

Permettez-moi d'espérer, Monsieur, que, sous l'un et l'autre rapport, alors surtout que nos travaux prennent une nouvelle activité et que nos dépenses se développent sur une plus grande échelle, vos avertissemens suivront toujours de près toute observation qui paraîtrait intéresser la bonne gestion des fonds départementaux. — J'ai eu le soin de vous munir, à cet effet, des instructions du 25 janvier 1832, d'après lesquelles les obligations de l'entrepreneur et de MM. les commissaires-voyers peuvent être facilement appréciées et jugées.

La concurrence que je me suis efforcé d'appliquer à notre système par les derniers essais d'adjudication tentés en décembre dernier, est bien devenue une garantie de plus, sans doute, de l'économie de nos travaux ; mais il n'en est pas moins important que toute la vigilance possible soit appliquée au réglement des travaux exécutés, alors surtout que ni l'entrepreneur responsable, ni le commissaire-voyer de l'arrondissement ne peuvent suivre ou surveiller constamment, sur tous les points, la confection du mètre linéaire de chaussée, l'emploi des matériaux, l'épaisseur des couches, la disposition des *témoins* destinés à servir de base au calcul des terrassemens, lorsqu'ils n'ont pas pu être évalués d'avance.

A cet égard, Monsieur, il vous aura paru sans doute utile de suivre quelquefois les travaux, et d'assister, autant que possible, au réglement qui en est fait par le commissaire-voyer.

— Je viens de prévenir ce dernier, en tout cas, qu'il ait à vous donner exactement avis des jours où il opère un réglement de compte, afin que vous puissiez y assister si vous le jugez convenable, et l'éclairer de toutes les observations que vous auriez faites dans l'intervalle des réglemens.

Quand vous ne pourriez y assister, Monsieur, il serait à désirer que vous voulussiez bien déléguer à votre place, ou M. le membre du conseil d'arrondissement également nommé par votre canton, ou M. le maire du chef-lieu.

Croyez bien enfin, Monsieur, que vous ne sauriez accorder un appui plus efficace à l'administration que je dirige, et rendre un plus grand service au département, qu'en exerçant le contrôle le plus actif sur une entreprise qui doit réaliser, il est vrai, l'un des plus grands bienfaits dont le département pût-être favorisé, mais qui absorbe aussi la plus forte partie de son revenu, et doit lui imposer encore dans l'avenir une de ses principales charges.

Agréez, Monsieur, l'assurance de ma considération distinguée.

Le Préfet du département de la Charente,

LARREGUY.

Angoulême, le 3 juillet 1835.

A MM. les Maires.

MESSIEURS,

Les lois des 9 ventôse an XII et 9 ventôse an XIII ont placé sous votre surveillance immédiate tout ce qui concerne la police et la conservation des chemins vicinaux.

En vous rappelant ces dispositions, sur lesquelles j'appelle de nouveau toute votre sollicitude, je vous recommande particulièrement, Messieurs, de veiller avec une attention soutenue à la conservation de nos routes de grande vicinalité qui se trouveraient sur le territoire de votre commune, et de faire dresser des procès-verbaux pour toutes les contraventions qui pourraient s'y commettre, telles que comblement de fossés, plantations de haies et dépôts de fumiers ou de matériaux capables d'interrompre une libre viabilité, ou de détériorer la route.

Je compte, Messieurs, sur votre constante vigilance pour appliquer immédiatement tous les moyens que la loi met à votre disposition pour la conservation de ces nouvelles communications pour lesquelles les communes et le département font de si grands sacrifices, et qui sont un si grand bienfait pour les populations.

Agréez, Messieurs, l'assurance de ma parfaite considération.

Le Préfet du département de la Charente,

LARREGUY.

ARRÊTÉ.

Nous, PRÉFET du département de la Charente, officier de la Légion-d'Honneur, décoré de la croix de juillet ;

Vu l'instruction générale adressée aux commissaires-voyers, sous la date du 25 janvier 1832, relative à la construction des routes de grande vicinalité exécutées ou en voie d'exécution dans ce département ;

Vu notre arrêté du 9 septembre 1833, prescrivant toutes les dispositions nécessaires pour assurer l'entretien de ces diverses routes, dès qu'elles sont livrées en tout ou en partie à la circulation ;

Considérant qu'à l'exception d'une portion de la route de Cognac à Macqueville, dans l'arrondissement de Cognac, et d'une portion de la route de Confolens à Brigueuil, dans l'arrondissement de Confolens, seules parties de route qui ont pu être exécutées par voie d'adjudication, l'entrepreneur chargé de toutes les autres, conformément au tarif arrêté dans l'instruction générale ci-dessus mentionnée, a été également chargé de l'entretien de ces routes, dès que MM. les commissaires-voyers ont reconnu la nécessité de cet entretien ;

Considérant que rien ne s'oppose par conséquent à ce que la réception des travaux exécutés par l'entrepreneur puisse avoir lieu, de telle sorte que les parties de route imparfaites par le fait de l'entrepreneur, et celles qui doivent être mises en état par le fait de l'entretien, puissent être parfaitement distinguées ;

Considérant enfin que l'importance des travaux exécutés jusqu'à ce

jour dans les cinq arrondissemens du département ne permet plus d'é-
valuer la garantie du 5e imposée à l'entrepreneur, en raison des travaux exécutés, et qu'il sera suffisant que cette garantie porte désormais sur les travaux exécutés tous les quatre mois dans les cinq arrondissemens ;

Nous avons arrêté et arrêtons ce qui suit :

ARTICLE PREMIER.

Il sera procédé dans le courant du mois d'août, et avant le 15 septembre, à la réception de tous les travaux exécutés par l'entrepreneur
Philippon, dans tout le département, jusqu'au 1er juillet dernier, époque à laquelle la dernière situation de MM. les commissaires-voyers a
été arrêtée.

ART. 2.

Il sera dressé par le commissaire-voyer un procès-verbal de réception par commune, en présence et avec le concours du maire de la
commune et de l'inspecteur des travaux de la route, désigné à ce titre
par notre arrêté du 20 février 1834, parmi MM. les membres du
conseil-général, ou à défaut de celui-ci, par le membre du conseil
d'arrondissement appartenant au canton dont cette portion de route
fait partie.

ART. 3.

Le procès-verbal devra distinguer clairement et par un nombre de
mètres déterminé, 1o les parties de route définitivement reçues ;
2o celles sur lesquelles l'entrepreneur devra compléter les travaux
dont il lui a été tenu compte, et remplir toutes les obligations à lui
imposées ;

3o Les parties de route auxquelles il doit être pourvu par l'entretien.

Cette classification des travaux s'opérera par les signataires du procès-verbal, conformément aux conditions imposées à l'entrepreneur
par nos arrêtés et instructions mentionnés dans les considérans du
présent arrêté, sauf les cas où la solidité du sol aurait permis un amoin-
drissement quelconque dans la profondeur de la chaussée.

ART. 4.

A partir du 1er janvier prochain, époque à laquelle les travaux
exécutés durant les six derniers mois de l'année courante seront reçus
de la même manière, la même réception se fera tous les quatre mois
dans chaque arrondissement et dans les quinze premiers jours du cinquième mois, d'où il suivra que le cinquième des travaux exécutés

retenu comme garantie à l'entrepreneur, ne sera imputable que sur les travaux exécutés durant les quatre derniers mois.

Art. 5.

Les parties de route exécutées par voie d'adjudication seront reçues de la même manière, mais au fur et à mesure seulement de l'exécution complète des travaux compris dans l'adjudication.

Art. 6.

Chaque procès-verbal devra porter comme définitivement reçues, s'il y a lieu, les parties de route qui avaient été mentionnées dans le précédent procès-verbal comme devant être complétées par l'entrepreneur.

Art. 7.

MM. les sous-Préfets et M. le commissaire-voyer de l'arrondissement d'Angoulême nous remettront les procès-verbaux de réception de leur arrondissement dans les trois jours qui suivront les délais ci-dessus mentionnés, après les avoir visés et en les accompagnant d'un rapport sur les faits constatés par lesdits procès-verbaux.

Art. 8.

MM. les sous-Préfets désigneront le jour de réception de chaque partie de route, après s'être concertés à cet effet avec MM. les membres du conseil-général, qui doivent y prendre part.

Art. 9.

MM. les sous-Préfets sont chargés, chacun en ce qui le concerne, de l'exécution du présent arrêté.

Fait à Angoulême, le 18 août 1835.

Le Préfet du département de la Charente,

LARREGUY.

———⊰❦⊱———

Angoulême, le 1er octobre 1835.

A MM. les sous-Préfets.

Messieurs,

Jamais session du conseil-général n'aura été plus satisfaisante et plus honorable pour l'administration, que celle qui vient de finir ; mais

jamais aussi elle n'aura fait peser sur elle une plus grande responsabilité. ...

En proposant au conseil tout ce qu'il m'a accordé, je ne me repo-
sais pas, comme bien vous le pensez , sur mon seul courage........
....
....
....

Ce n'est pas tout, MM. les Maires ont puissamment contribué à rendre notre tâche possible , et ce sera le cas plus que jamais, puisqu'elle
va toujours en grandissant , de provoquer leur concours et d'exciter
leur zèle.

D'après les votes du conseil-général, de nouveaux fonds me sont
alloués pour encourager la création de salles d'asile partout où les conseils municipaux , ou de charitables fondateurs, se réuniront pour
jeter les bases de cette utile institution.

Nous en aurons aussi pour aider la fondation de nouvelles caisses
d'épargnes, ou pour faciliter à celles qui existent les moyens de cou-
vrir leurs dépenses et d'étendre le cercle de leur influence.

Nous en aurons enfin pour secourir ces mères indigentes que nous
avons voulu exciter, par nos réformes dans le régime des enfans trouvés, à conserver leurs enfans, toutes les fois qu'un établissement quelconque de bienfaisance voudra bien se charger d'appliquer ces secours.

Ces secours du département néanmoins viennent s'ajouter à ceux
déjà si considérables qu'il accordait aux communes pour les aider à
obtenir des voies de communication dont elles n'avaient pas même
prévu tous les effets utiles, et qui ont été votés cette fois avec une
libéralité croissante.

Plus que jamais, par conséquent, le département aura droit de
compter sur les efforts de la commune ; et ce sera à vous, Monsieur le
sous-Préfet, à en obtenir tout ce que nous avons le droit d'en attendre.

Si, au lieu de rentrer dans les limites de nos premiers projets , j'ai
osé demander au conseil-général d'ajouter aux vingt-quatre routes de
grande vicinalité qui avaient servi de base à nos prévisions, les dix-
huit routes nouvelles que les commissions d'arrondissement ont signalées comme les plus utiles parmi celles restées en dehors du premier
projet, vous comprendrez, ainsi que MM. les Maires, combien j'ai dû
me reposer, pour une telle extension de notre entreprise, sur le concours empressé des intérêts que nous allions satisfaire, et sur un re-
doublement de sollicitude et d'activité de la part de tous les agens
administratifs qui doivent y prendre part.

Une augmentation dans le traitement de MM. les commissaires-voyers, et la création d'un commissaire-voyer-adjoint dans le but de faire aider dans ses travaux celui d'entre eux qui s'en trouverait momentanément le plus chargé, feront voir à ces messieurs que j'ai su apprécier leur zèle éprouvé et l'accroissement de leur tâche.

Vous trouverez ci-joint l'instruction confirmative et supplémentaire de celle du 25 janvier 1832 qui a servi jusqu'ici de règle à nos travaux; mais tout en exigeant que l'une et l'autre soient scrupuleusement observées, vous voudrez bien ne jamais perdre de vue les conditions fondamentales du système, savoir :

1° Que c'est la commune qui exécute avec le secours du département;

2° Que c'est à la commune que toutes les concessions de terrains doivent être faites;

3° Que les fonds départementaux ne doivent être dépensés que dans les communes qui ont ouvert un libre passage à la route qu'il s'agit d'exécuter;

4° Que ces mêmes fonds doivent être portés de préférence sur les communications où il n'existe aucune opposition à la concession gratuite des terrains, et où les particuliers et la commune offrent le plus de concours;

5° Qu'il importe par conséquent que la première opération à exécuter sur toutes les routes en assure l'ouverture dans tout leur parcours, et que cette ouverture s'opère ainsi que les terrassemens et les encaissemens auxquels elles doivent donner lieu.

Je ne saurais trop vous recommander, Monsieur le sous-Préfet, de donner cette impulsion à M. le commissaire-voyer à l'instant même où cette lettre vous parviendra.

Il faut que d'ici au mois de mai de l'année prochaine toutes les routes de grande vicinalité de votre arrondissement, comprises dans les quarante-deux autorisées par le conseil-général, mais dans la limite desquelles nous devrons rigoureusement nous renfermer, soient ouvertes dans tout leur parcours, et que le plus de terrassemens possibles y soient opérés.

S'il y avait impossibilité pour quelques parties de ces routes, vous voudriez bien m'en donner connaissance sans retard, et me fournir la démonstration de cette impossibilité.

C'est précisément pour l'ouverture d'une route et pour les terrassemens qu'elle exige, que les ouvriers de l'entrepreneur doivent être surtout employés, tandis qu'il faut essentiellement demander aux communes la fourniture et le transport des matériaux.

Or, les terrassemens peuvent être exécutés dans toutes les saisons, et c'est dans les beaux jours qui précèdent et suivent les moissons, que les communes peuvent le plus facilement effectuer leur transport, et qu'il convient le mieux de travailler aux chaussées.

Remarquez bien, Monsieur le sous-Préfet, qu'en adhérant aux propositions et aux vœux que vous m'avez exprimés, et en obtenant du conseil-général qu'il nous mit à même d'y satisfaire, bien qu'il dût en résulter que nous aurions à faire exécuter 140,000 mètres de chaussées de plus dans le département, qu'il n'en était entré dans nos prévisions en 1833, votre arrondissement se trouve éventuellement doté d'une participation aux fonds départementaux bien supérieure à celle que mon arrêté de répartition du 18 septembre 1834 lui avait assignée, mais que vous aurez à faire exécuter pour cela.... mètres linéaires en 1836 (*V*. page 274 du présent Recueil), et... mètres linéaires en 1837 (*V*. même page), en obtenant tout au moins des communes qu'elles restent exclusivement chargées du ramassage, du chargement et du transport des matériaux.

Si vous voulez bien vous reporter audit arrêté, en effet, vous verrez que, d'après la moyenne présumée de vos prix en 1836 et 1837, telle que vous l'avez évaluée vous-même dans vos propositions pour la part afférente au département, le montant des travaux ci-dessus excédera de beaucoup le contingent de votre arrondissement tel qu'il avait été établi audit arrêté, en y comprenant surtout la portion dépensée depuis le 18 septembre 1834 et dans tout le courant de l'année 1835.

En dehors des 42 routes de grande vicinalité, cependant, le conseil-général laisse encore à ma disposition la portion non appliquée de l'économie des enfans trouvés, en 1835 et 1836, pour les communes qui voudront s'embrancher à nos routes royales, départementales et arrondissementales, *soit par des chaussées, soit par des ponts*, pourvu qu'elles s'imposent au moins le tiers de la dépense.

Vous voyez combien ces travaux, parallèles aux autres, peuvent hâter le développement de tout système ; mais, je reviens à celles des 42 routes qui vous concernent, et dont vous trouverez ci-après l'exacte énumération (*voir* aussi page 274 du présent Recueil).

Pénétrez-vous bien de l'ensemble de votre tâche, et que de la part de l'entrepreneur, comme de la part des communes, il n'y ait ni insuffisance, ni lenteur.

Faites également bien attention à la proportion dans laquelle les communes devront participer à vos travaux, pour que les fonds qui vous sont alloués puissent suffire à l'achèvement complet de la part qui vous est afférente sur les 42 routes arrêtées pour tout le département.

Moi-même, si les communes de votre arrondissement ne participaient pas aux travaux dans la proportion voulue, je me verrais dans la nécessité de diriger sur d'autres points une partie des fonds réservés à votre arrondissement pour l'exercice 1836.

Il s'agit donc de communiquer une nouvelle impulsion à tous les agens de l'entreprise, aux intérêts qu'elle doit satisfaire, et aux représentans actifs et influens de ces intérêts.

Conseillers-généraux, commissaires-voyers, maires, entrepreneurs, doivent être à la fois appelés, excités, encouragés, pressés.

Je n'aperçois l'accomplissement possible de notre tâche que dans le concours énergique et soutenu de tous ces agens à la fois.

Songez bien qu'en attendant la nouvelle loi, nous ne pourrons marcher activement, en 1836 encore, que par les concessions et les secours spontanés des communes et des particuliers, et que ce ne sera pas trop de toutes les influences locales et de tout le zèle des agens administratifs pour atteindre le but que nous devrons nous proposer.

Mais aussi ce sera une année décisive pour l'accomplissement de cette première partie du système d'ici à la fin de 1837, car les ressources sont assurées. Les seuls moyens d'exécution pourraient faillir, et je n'ai pu garantir à cet égard que ce que vous m'aviez garanti à moi-même.

Agréez, Messieurs, l'assurance de ma considération très-distinguée.

Le Préfet du département de la Charente,

LARREGUY.

⋘◈◈◈⋙

Angoulême, le 1er octobre 1835.

A MM. les Commissaires-Voyers.

Monsieur,

Excepté ce que j'attends plus particulièrement de votre zèle, de votre intégrité et de la spécialité de vos études et de votre expérience, tout ce que je puis avoir à vous dire, dans une telle circonstance, vous le trouverez dans la lettre à MM. les sous-Préfets qui commence ce recueil, dans la lettre à MM. les Maires qui le termine et dans l'instruction ci-après, qui vous est spécialement destinée.

J'ai désiré vous renouveler directement l'assurance néanmoins du prix que j'attache à vos travaux. Or, la tâche qui vous est imposée dans cette entreprise et les services qu'elle vous fournit l'occasion de rendre au département, à vos concitoyens, au pays tout entier qui la suit avec intérêt, maintenant que ses plus importans résultats sont devenus publics, me paraissent être dignes de fixer au plus haut degré l'attention et l'intérêt de l'autorité supérieure et des conseils départementaux.

Croyez qu'il ne dépendra pas de moi qu'il en soit ainsi, et comptez en tout cas sur ma sollicitude particulière pour les apprécier tout ce qu'ils valent, et sur ma reconnaissance personnelle.

Agréez, Monsieur, l'assurance de ma considération très-distinguée.

Le Préfet du département de la Charente,

LARREGUY.

INSTRUCTION.

ARTICLE PREMIER.

L'INSTRUCTION du 25 janvier 1832 et le tarif des travaux qui en font partie, ainsi que celui des terrassemens compris dans notre lettre du 4 février de la même année, insérée au n° 631 du Recueil, sont pleinement confirmés en tout ce qui ne serait pas contraire aux présentes dispositions.

ART. 2.

Les deux livres de comptes prescrits par l'article 37 de la susdite instruction, l'un contenant le compte ouvert à l'entrepreneur sur chaque chemin, l'autre le compte ouvert à chaque commune pour les prestations, centimes et souscriptions, seront foliotés, signés et paraphés au premier et dernier feuillet par le sous-Préfet, et remonteront à la date du 1er juillet dernier.

Art. 3.

Le réglement que MM. les commissaires-voyers arrêteront tous les deux mois avec l'entrepreneur et avec le maire de chaque commune, devra s'exécuter en présence de M. le membre du conseil-général chargé de l'inspection de la route, et qui aura été prévenu, dans tous les cas, huit jours à l'avance, par le sous-Préfet, de l'heure et du lieu du rendez-vous.

Les articles des comptes ouverts par les commissaires-voyers devront concorder avec ce réglement et avec les valeurs et travaux portés aux situations bimensuelles.

Ces situations, à l'avenir, pourront ne nous être remises que dans les quinze jours qui suivront leur date, et elles seront visées conformes aux registres des commissaires-voyers par le sous-Préfet ; celui-ci y annotera les réglemens des travaux qui auront eu lieu dans l'intervalle des deux situations, conformément au premier paragraphe du présent article.

Art. 4.

Un nouveau registre sera destiné par MM. les commissaires-voyers à la réception des travaux telle qu'elle est réglée par mon arrêté du 18 août 1835, et présentant en conséquence, pour chaque communication, d'après les résultats de la dernière réception :

1º Les travaux complets et définitivement reçus ;

2º Les travaux que l'entrepreneur a été reconnu devoir compléter pour son compte ;

3º Ceux qui auraient été livrés à la circulation avant leur réception, et qui ayant été endommagés par cette cause, seraient susceptibles d'être réparés à la charge de l'entretien (1).

Art. 5.

Chaque commissaire-voyer enfin aura un 4e registre destiné à l'entretien et sur lequel se trouveront arrêtés tous les quatre mois le compte de l'entrepreneur pour la main-d'œuvre et celui de la commune pour la fourniture des matériaux, conformément à notre arrêté du 9 septembre 1833, qui règle le mode d'entretien appliqué aux routes de grande vicinalité.

---

(1) Il ne faut pas confondre ces parties de routes qui doivent être réparées à la charge de l'entretien *avant d'être définitivement reçues,* avec celles qui sont définitivement reçues, et qui sont dès ce moment comprises dans l'entretien, par cela seul qu'elles figurent dans la première de ces trois catégories.

Art. 6.

Tous les quatre mois le compte de l'entretien sera arrêté soit quant à l'entrepreneur, soit quant aux communes, et la situation nous en sera remise par le sous-Préfet visée conforme également au registre de l'entretien.

Art. 7.

S'il y a lieu, conformément au susdit arrêté sur l'entretien, à rendre exécutoire un mémoire de l'entrepreneur pour fourniture de matériaux, le procès-verbal constatant la non fourniture des communes aux époques désignées, devra accompagner la situation de l'entretien, pour que nous puissions procéder en conseil de préfecture à la répartition du montant du mémoire entre les diverses communes en défaut.

Art. 8.

Les chemins communaux qu'il s'agit de rattacher les uns aux autres pour en former une voie de grande vicinalité avec chaussées d'empierrement, accotemens et fossés, doivent offrir les conditions nécessaires pour justifier le concours du département à cette opération.

Ils doivent avoir, par conséquent, ou doivent être susceptibles d'obtenir une largeur de huit mètres entre fossés, ainsi qu'elle était fixée sous l'empire de l'arrêt du conseil d'état du 6 février 1776, auquel la loi du 9 ventôse an XIII n'a pu porter atteinte en ce qui touche les chemins alors existans, puisqu'elle prescrivait de ne faire aucun changement aux chemins vicinaux excédant alors la dimension de six mètres.

Art. 9.

Ces mêmes chemins par conséquent doivent tout au moins être susceptibles d'obtenir cette dernière largeur de six mètres entre fossés, dont trois mètres de chaussées et trois mètres d'accotement.

Lesdits chemins enfin ne doivent offrir, dans aucun cas, des pentes excédant six centimètres par mètre, et autant que possible leur assiette doit varier entre un centimètre et trois centimètres par mètre.

Art. 10.

Les conditions qui précèdent exigent donc qu'il soit fait un tracé avec nivellement et calcul des terrasses, sur toute partie de route non encore ouverte. — MM. les commissaires-voyers devront procéder à ce travail partout où il n'a pas été exécuté, et le soumettre sans retard à notre approbation par l'intermédiaire et avec l'avis de M. le sous-Préfet.

Art. 11.

Pour éviter tout retard dans l'exécution, des ateliers pourront être placés sur les communications comprises dans les quarante-deux routes autorisées, partout où l'assiette du chemin ne doit pas varier, mais à la condition de rigueur que, préalablement, et sur tout le parcours de la route, les communes auront garanti le libre passage, si les riverains eux-mêmes n'ont pas accédé par écrit à la cession gratuite du terrain qui pourrait leur être éventuellement demandée.

Art. 12.

Les routes commencées sur huit mètres entre fossés, dont quatre mètres de chaussées, ne pourront être continuées avec cette largeur qu'autant que nous en aurons donné l'autorisation expresse sur un rapport du commissaire-voyer et l'avis du sous-préfet.

Toutes les autres voies de grande vicinalité ne devront avoir que six mètres entre fossés dont trois mètres de chaussées d'empierrement et trois mètres d'accotement.

Art. 13.

Sur les quarante-deux routes de grande vicinalité définitivement adoptées par le conseil-général, et dont l'énumération pour chaque arrondissement se trouve à la suite de cette instruction, les secours départementaux devront être continués aux communes comme ils l'ont été jusqu'ici, à la seule condition cependant qu'elles se chargeront du ramassage, du chargement et du transport des matériaux à pied-d'œuvre.

Art. 14.

MM. les commissaires-voyers, en conséquence, constateront dès la réception de la présente instruction les matériaux transportés par l'entrepreneur sur les abords des diverses routes de leur arrondissement, et nous en adresseront un état exact avant la fin du mois courant.

À partir du 1er novembre, par conséquent, nulle quantité de matériaux transportée par l'entrepreneur ne devra figurer dans les comptes de celui-ci.

Art. 15.

Les communes devront effectuer ces transports dans le plus bref délai, aussitôt que l'encaissement de la route, prêt à les recevoir, aura été exécuté par l'entrepreneur. Elles y emploieront, soit leurs prestations en nature, soit les cinq centimes qu'elles ont la faculté de s'imposer, soit les fonds libres à leur disposition, soit enfin le produit de la contribution extraordinaire qu'elles auraient été autorisées à s'imposer.

Art. 16.

Dès que l'ouverture d'une route aura eu lieu, ce qui comprend en conséquence toutes les routes ouvertes, MM. les maires des communes qu'elle traverse devront recevoir du commissaire-voyer la notification des matériaux à fournir par leurs communes, avec l'évaluation de cette fourniture en argent, et MM. les maires se mettront aussitôt en mesure d'appliquer à l'obligation exprimée dans le précédent article leurs ressources disponibles, ou d'obtenir de leur conseil municipal, qu'ils sont autorisés à réunir à cet effet, le vote des prestations et centimes ordinaires.

Dans ce dernier cas, et s'il y a lieu à voter des centimes extraordinaires, ils adjoindront les plus haut imposés à leur conseil municipal.

Art. 17.

Dans les cas nécessairement très-rares où une commune pauvre, traversée par une grande longueur de route, ne pourrait pas supporter la charge que lui imposeraient la fourniture et le transport des matériaux, un rapport spécial du commissaire-voyer, accompagné de l'avis du sous-Préfet, devra nous être adressé, et aucun transport ne pourra être demandé à l'entrepreneur sur les fonds départementaux, que nous n'ayons statué à cet égard.

Art. 18.

Les situations bimensuelles de MM. les commissaires-voyers continueront à être accompagnées d'un état détaillé de chaque nature de travaux exécutés par l'entrepreneur, conformément au tarif; mais à partir de celle qui sera arrêtée au 31 octobre prochain, il ne devra figurer audit état aucun article pour ramassage, chargement ou transport de matériaux, s'il n'est accompagné de notre décision spéciale à ce sujet.

Art. 19.

En dehors des quarante-deux routes de grande vicinalité, pourront s'exécuter d'autres communications d'embranchement avec les routes royales, départementales ou de grande vicinalité, pour lesquelles le conseil-général a mis des fonds à notre disposition ; mais à la condition que les communes qui les réclameraient s'imposeraient une forte partie de la dépense, laquelle partie, dans aucun cas, ne pourrait être au-dessous du tiers de la dépense totale.

Art. 20.

Une comptabilité spéciale avec ses livres et situations, tels qu'ils sont prescrits pour les routes de grande vicinalité, sera tenue par MM. les commissaires-voyers pour cette catégorie de chemin.

Art. 21.

Toute demande d'un chemin de cette nature sera soumise aux formalités préalables qui suivent :

1º Devis des travaux par le commissaire-voyer ;

2º Délibération des conseils municipaux après communication à eux faite de la partie du devis qui les concerne, et garantissant formellement pour le compte de la commune, les portions de terrain nécessaires, et la moitié de la dépense, soit en transport des matériaux, dont les quantités fournies devront être exprimées et évaluées dans ladite délibération, conformément au devis du commissaire-voyer, soit en argent provenant des fonds libres de la commune, ou de centimes extraordinaires dûment votés et autorisés, ou de souscriptions particulières, dont les engagemens en due forme devront nous être adressés.

Art. 22.

Les seules communications de cette nature, comprises parmi celles que les commissions arrondissementales avaient désignées, dans leur procès-verbal de répartition, conformément à notre arrêté du 18 septembre 1834, pourront n'être appelées à participer que pour un tiers à la dépense du devis, soit qu'il s'agisse d'une chaussée, soit qu'il s'agisse de ponts ou ponceaux.

Art. 23.

Toutes les demandes relatives à ces communications complètement instruites, ainsi qu'il vient d'être dit, et sur lesquelles les communes intéressées désireront que les travaux puissent commencer en 1836, devront m'être parvenues avant le 15 décembre prochain, afin qu'elles puissent être comprises dans la répartition qui aura lieu à cette époque, des fonds disponibles pour ledit exercice.

Art. 24.

MM. les sous-Préfets, maires et commissaires-voyers sont invités, chacun en ce qui le concerne, à concourir avec le plus grand zèle et la plus scrupuleuse attention, à l'exécution des dispositions qui précèdent.

Fait à Angoulême, hôtel de la préfecture, le 1er octobre 1835.

Le Préfet du département de la Charente,

LARREGUY.

ÉNUMÉRATION des quarante-deux routes de grande vicinalité exécutées ou à exécuter en 1836 et 1837 dans chaque arrondissement.

ARRONDISSEMENT D'ANGOULÊME.

De Dignac au Pas-de-Fontaine ; d'Angoulême à Nontron ; de Larochefoucauld à l'Arbre ; de Roullet au Moulin-Journaux ; d'Angoulême à Montbron ; de Saint-Cybardeaux à Chasseneuil ; d'Angoulême à Aigre ; de Lavalette à Châteauneuf.

Huit routes sur lesquelles 67710 mètres linéaires à exécuter en 1836, et 44433 mètres linéaires en 1837.

ARRONDISSEMENT DE BARBEZIEUX.

De Barbezieux à Aubeterre ; de Chalais à Aubeterre ; de Baignes à Brossac ; de Barbezieux à Blanzac ; de Montmoreau à Saint-Severin ; de Montmoreau à Salles ; de Barbezieux au Pas-de-Laroche ; de Barbezieux à Montmoreau ; de Baignes à Monteudre.

Neuf routes sur lesquelles 57720 mètres linéaires à exécuter en 1836, et 18116 en 1837.

ARRONDISSEMENT DE COGNAC.

De Veillard à Châteauneuf ; de Cognac à Segonzac ; de Cognac à Macqueville ; de Cherves à Matha ; de Segonzac à Barbezieux ; de Châteauneuf au Pont-à-Brac ; de Bassac à la grande route, de l'Echassier à la grande route ; de Cherves à Migron ; de Foussignac à Jarnac ; de Segonzac à Jarnac.

Onze routes sur lesquelles 41222 mètres linéaires en 1836, et 15057 mètres linéaires en 1837.

ARRONDISSEMENT DE CONFOLENS.

De Saint-Cybardeaux à Chasseneuil ; de Montrollet à Confolens ; de Brigueuil à Confolens ; de Mansle à Fontafy ; de Montemboeuf à Confolens ; de l'Arbre à Rochechouart ; de Chasseneuil à Montemboeuf ; de Chabanais à Confolens ; de Chabanais à Rochechouart.

Neuf routes sur lesquelles 55756 mètres linéaires à exécuter en 1836, et 21800 mètres linéaires en 1837.

ARRONDISSEMENT DE RUFFEC.

De Ruffec à Civray ; de Ruffec à Melle ; de Mansle à Saint-Claud ; de Villefagnan à Couture-d'Argenson ; d'Aigre à Mansle.

Cinq routes sur lesquelles 23853 mètres linéaires à exécuter en 1836, et 12992 mètres linéaires en 1837.

Angoulême, le 1er octobre 1835.

A MM. les Maires.

Monsieur le Maire,

Qui mieux que vous doit apprécier l'important secours en argent et l'immense bienfait en résultats matériels et moraux, qu'apportent à votre commune ces larges allocations du département qui vous mettent à même de donner à un simple et mauvais chemin communal jusqu'ici, toute la solidité et tous les effets utiles de nos routes départementales les mieux construites?

L'expérience a tout prouvé maintenant. — Chaque commune, chaque propriété, atteinte par une de nos 42 routes vicinales en voie d'exécution, a ressenti le degré de prospérité et de bien-être qui lui est assuré. L'accomplissement de l'immense tâche que l'administration s'est imposée n'est plus douteux. — Une bonne moitié de l'entreprise est achevée, puisque sur 500 mille mètres de parcours, ou 133 lieues de poste, nous avions, le 1er septembre dernier, 258786 mètres linéaires de routes ouvertes, 188255 mètres de chaussées entièrement achevées, et que sur les 70000 mètres de routes ouvertes dont les chaussées ne sont pas terminées, il avait été opéré à la même époque 147846 mètres cubes de terrassemens.

Cette première moitié cependant, exécutée en trois années, était évidemment la plus difficile, celle qui devait susciter le plus de difficultés à résoudre, le plus d'obstacles à applanir; celle qui ne devait trouver dans la législation existante que des élémens de résistance, et qui ne pouvait marcher que par le concours et l'entraînement de tous les intérêts et de tous les agens d'exécution. Nous n'avions d'ailleurs qu'une portion des ressources ordinaires du département à y affecter. — Depuis un an seulement l'emprunt que le conseil-général s'est décidé à contracter pour seconder nos efforts, a commencé à se réaliser; et, tout récemment, cette importante ressource extraordinaire vient d'être assurée par l'adjudication de la dernière partie de l'emprunt.

Nous avons donc, pour exécuter la dernière moitié de notre entreprise, l'expérience, les agens, le concours, les bons exemples, les questions résolues, les résultats accomplis de la première. Nous allons avoir, dès la prochaine session, il faut l'espérer, une législation secourable et énergique. — Nous avons de l'argent enfin autant qu'il en faudra pour seconder les efforts et la bonne volonté des communes, le dévoûment et l'aptitude de tous les agens d'exécution.

Il nous importe à tous de bien constater cette situation, car elle dit hautement que la route est tracée pour arriver au but, et que rien ne manque pour l'atteindre en moins de temps qu'on ne l'avait pensé, si la commune ne ralentit pas ses efforts, et si elle se pénètre toujours davantage, au contraire, que c'est sur elle que retombent le plus directement les profits et le bienfait de l'entreprise.

C'est donc de vous, Monsieur le Maire, qui avez déjà tant fait, ou qui êtes appelé à tant faire encore, sous ce rapport, pour les intérêts de vos administrés, que je fais essentiellement dépendre les progrès et l'achèvement de nos travaux dans le courant des deux années qui vont suivre.

Soit donc que votre commune se trouve traversée par l'une des 42 routes de grande vicinalité mentionnées dans ma précédente lettre à MM. les sous-Préfets, soit qu'elle se mette dans le cas d'être aidée pour une communication d'embranchement, je vous prie d'appliquer toute votre influence et tout votre zèle à obtenir que vos administrés, s'il y a lieu, concèdent gratuitement à la commune le terrain nécessaire pour l'élargissement de l'assiette du chemin. — C'est là surtout, et avant toute chose, ce que vous demandera M. le commissaire-voyer de votre arrondissement, et ce qui sera indispensable pour que les communications qui vous intéressent puissent recevoir la part des fonds départementaux qui lui est affectée.

Je ne saurais trop vous recommander ce point important; car sans cela je me verrais dans la nécessité de faire profiter d'autres communications et d'autres communes des fonds départementaux.

Quant à la participation de la commune à ces travaux, s'il s'agit de l'une des quarante-deux voies de grande vicinalité arrêtées par le conseil-général du département, il suffira, Monsieur le Maire, que vous preniez les dispositions nécessaires pour que, dans tout le courant de 1836, vous assuriez la fourniture et le transport à pied-d'œu-

.vre des matériaux nécessaires pour la construction des chaussées. — Vous savez que vous aurez pour cela les prestations en nature, les souscriptions particulières, les cinq centimes communaux, les centimes extraordinaires enfin.

Vous êtes, dès ce moment autorisé à réunir, à cet effet, votre conseil municipal, et à y adjoindre, au besoin, les plus fort imposés.

Dès que la route sera tracée, ouverte, dans tout le parcours de votre commune, M. le commissaire-voyer devra vous faire connaître les matériaux qu'il sera nécessaire de déposer sur chaque point pour la confection de la chaussée ; et vous fixerez vous-même les époques de l'année où il conviendra le mieux de les faire transporter.

Si votre commune avait à réclamer les secours du département pour l'exécution d'une communication d'embranchement en dehors des **42** routes de grande vicinalité, vous trouverez aux articles 19 et suivans de l'instruction qui précède, et que je recommande tout entière à votre attention, quelles sont les dispositions auxquelles vous devrez concourir, pour me mettre à même de comprendre cette communication dans la répartition que j'aurai à faire avant le 15 décembre prochain, des fonds départementaux affectés par le conseil-général à cette catégorie de chemins vicinaux.

Agréez, Monsieur le Maire, l'assurance de ma parfaite considération.

Le Préfet du département de la Charente,

LARREGUY.

———•♦•———

Angoulême, le 16 novembre 1835.

A MM. les Maires.

Monsieur le Maire,

Il importe peut-être que je rappelle encore une fois à toute votre attention la partie de mes instructions des 1er et 16 octobre dernier,

insérées aux Recueils Nᵒˢ 766 et 767 de mes actes, relative aux chemins d'embranchement qui peuvent vous intéresser ; car c'est le 18
décembre sans remise, comme vous le savez, que la répartition des
fonds mis à ma disposition par le conseil-général doit avoir lieu, et je
me verrai dans l'absolue nécessité d'être excessivement scrupuleux
quant aux conditions à remplir par chaque commune pour y avoir
part.

Or, ces conditions, vous le savez, consistent :

1º A assurer la cession gratuite des terrains par des engagemens
écrits, ou une délibération du conseil municipal qui la garantisse ;

2º A faire mesurer la longueur du parcours de chaque route d'embranchement ;

3º A calculer le montant de la dépense d'après la moyenne de chaque arrondissement ;

4º A assurer les trois quarts, les deux tiers ou la moitié de la dépense, selon que la communication d'embranchement intéresse une,
deux ou plus de deux communes, ou enfin qu'elle se trouverait comprise dans les routes réclamées antérieurement par les commissions arrondissementales.

Parmi les communes qui m'ont fait parvenir leur travail, il s'en
trouve qui ont calculé le montant total de la dépense sur une moyenne
moins élevée que celle portée dans mon instruction du 16 octobre, se
fondant en cela sur la nature du sol, la proximité des matériaux, ou
d'autres considérations de localité.

Afin d'éviter une correspondance multipliée qui ne ferait que retarder l'instruction de ces demandes, je viens vous prévenir, Monsieur le
Maire, que, dans le cas où votre commune réclamerait un embranchement et que vous auriez la certitude de pouvoir faire exécuter les travaux à un prix moins élevé que la moyenne portée pour votre arrondissement, dans mon instruction précitée, la délibération de votre
conseil municipal devra être accompagnée d'un engagement de l'entrepreneur, visé par le commissaire-voyer de votre arrondissement, d'exécuter lesdits travaux aux prix portés dans la délibération de votre
conseil municipal.

Je recommande particulièrement l'accomplissement de toutes ces
formalités à MM. les maires des communes qui réclament des embranchemens, et dans le cas où leurs délibérations m'auraient été adressées
avant la réception de la présente, je les invite à en compléter l'instruction de la manière indiquée dans mes instructions précitées et dans
celle-ci, de manière à ce que les pièces de leur demande soient complétées dans mes bureaux avant le 18 décembre prochain, afin qu'ils ne

soient pas privés de la participation à la distribution du fonds affecté à cette dépense.

Agréez, Monsieur le Maire, l'assurance de ma considération dis tinguée.

Le Préfet du département de la Charente,

LARREGUY.

PROCÈS-VERBAL de réception des travaux exécutés sur le chemin communal d   *à*
faisant partie de la route de grande vicinalité d
à   *partie comprise sur le territoire de la commune d*

Aujourd'hui   mil huit cent trente-
Nous, commissaire-voyer de l'arrondissement d   nous étant réuni à M.   maire de la commune d
et M.   membre du conseil-général du département, conformément à l'arrêté de M. le Préfet, du 18 août 1835, pour procéder à la réception des travaux exécutés par l'entrepreneur Philippon, jusqu'au   de l'année courante, sur le chemin communal d   à   et de
à   faisant partie de la route de grande vicinalité
d   à   nous avons reconnu :
1° Que   mètres de chaussées d
à   doivent être et sont définitivement reçus comme étant exécutés selon toutes les conditions prescrites à l'entrepreneur par les instructions, ou comme étant aussi solidement confectionnés, vu la nature du sol, que le prescrivent ces mêmes instructions;
2° Que sur   mètres de chaussées d
à   l'entrepreneur devra
pour compléter les travaux dont il lui a été tenu compte, et pour remplir toutes les obligations à lui imposées;
3° Que   mètres terminés, compris d
à   qui ont été livrés à la circulation, seront mis en état par la voie d'entretien, de la manière indiquée dans l'arrêté préfectoral du 9 septembre 1833, avant leur réception définitive.
Fait à   le

<table>
<tr><th>PROJET DE LOI
DU GOUVERNEMENT.</th><th>PROJET DE LOI
amendé
PAR LA COMMISSION.</th><th>OBSERVATIONS
Du préfet et du conseil-général de la Charente.</th></tr>
<tr><td>

CHAPITRE 1er. — CLASSEMENT.

ART. 1er. — Les chemins publics autres que les routes royales ou départementales, sont vicinaux ou communaux, selon qu'ils ont été classés, conformément à l'art. 2.

Ne pourront être classés comme vicinaux que les chemins dont l'utilité s'étend à plusieurs communes.

ART. 2. — Sur l'avis des conseils municipaux, des sous-préfets, conseils d'arrondissemens et du conseil-général, et sous l'approbation du ministre de l'intérieur, le préfet classera les chemins vicinaux, en déterminera la direction, la largeur et les limites, désignera les communes intéressées à chaque ligne vicinale, et fixera, sauf tout recours de droit, la proportion dans laquelle ces communes contribueront à sa confection et à son entretien.

En cas de discord entre deux ou plusieurs départemens intéressés au classement d'un chemin vicinal, le ministre de l'intérieur prononcera.

Sur l'avis du conseil municipal et des sous-préfets, le préfet classera les chemins communaux, et en déterminera la direction, la largeur et les limites.

L'art. 3 de la loi du 7 juillet 1833 n'est pas applicable aux chemins vicinaux et communaux.

ART. 3. — Les chemins vicinaux et communaux classés sont imprescriptibles.

CHAPITRE II. — VOIES ET MOYENS.

ART. 4. — Il sera pourvu à l'entretien, à la réparation et à la construction des chemins vicinaux et communaux, au moyen,

1º Des ressources ordinaires de chaque commune;

2º Des prestations en nature, dont le maximum est fixé à trois journées de travail;

3º Des centimes spéciaux votés par les communes, et dont le maximum est fixé à cinq;

4º De secours accordés par le conseil-

</td><td>

ART. 1er. — Comme au projet, en ajoutant deux ou plusieurs communes.

ART. 2. — Comme au projet, en supprimant ces mots : «et sans l'approbation du ministre de l'intérieur. »

ART. 3. — Comme au projet.

ART. 4. — Réparation, au lieu de répétition. Ajouter aux six énumérations :

« Les centimes spéciaux mentionnés aux paragraphes 3 et 5 de cet article, seront imposés par addition au principal des 4 contributions directes. »

« L'application de

</td><td>

Comme au projet.

ART. 2. — Comme le propose la commission, en s'arrêtant à ces mots : *désignera les communes.* Il est proposé plus bas de laisser la faculté qui suit au préfet en conseil de préfecture.

ART. 3. — Comme au projet.

ART. 4. — Comme au projet, mais ajouter ce 7e paragraphe :

7º Des emprunts communaux et départementaux, sauf l'approbation du ministre de l'intérieur ou la loi à intervenir, d'a-

</td></tr>
</table>

général sur les fonds ordinaires du département ;

5° De centimes spéciaux arrêtés par le conseil-général, et dont le maximum est fixé à cinq ;

6° Des ressources éventuelles indiquées aux articles 15, 16 et 17 de la présente loi.

ART. 5. — Le produit des ressources de toute nature affectées à chaque ligne vicinale, sera centralisé dans la caisse du receveur-général du département.

Les formes relatives au paiement des dépenses et à la comptabilité spéciale des chemins vicinaux, seront déterminées par un réglement d'administration publique.

SECTION Ire. — *Prestations en nature.*

ART. 6. — Tout habitant, tout chef de famille ou d'établissement, à titre de propriétaire, de régisseur, de fermier ou de colon partiaire, porté au rôle d'une des contributions directes, autre que la personnelle, pourra être appelé à fournir, chaque année, une prestation de trois journées de travail,

1° Pour sa personne et pour chaque individu mâle, valide, âgé de dix-huit ans au moins, et de soixante ans au plus, membre ou serviteur de famille, et résidant dans la commune;

2° Pour chacune des charrettes ou voitures attelées, et, en outre, pour chacune des bêtes de somme, de trait, de selle, au service de la famille ou de l'établissement dans la commune.

ART. 7. — La prestation sera appréciée en argent, conformément à la valeur qui aura été attribuée, dans la commune, à chaque espèce de journée, par le conseil d'arrondissement, sur la proposition du conseil municipal.

ART. 8. — La prestation pourra, en tout ou en partie, être convertie en tâches, d'après un tarif qui sera annuellement adopté par le conseil municipal, pour chaque nature de travail à exécuter sur les divers chemins.

---

ces diverses ressources pourra s'effectuer concurremment en tout ou en partie, selon la situation financière de la commune. »

ART. 5. — Comme au projet.

ART. 6. — Comme au projet.

ART. 7. — Comme au projet.

ART. 8. — Modifié en ces termes : « ...... d'après un tarif qui sera annuellement proposé par le conseil municipal et approuvé par le sous-préfet à chaque nature

---

près la législation existante.

ART. 5.-Comme au projet, en ajoutant au premier paragraphe : *au moyen d'un compte ouvert à chaque arrondissement, et* en changeant ces mots : *à chaque ligne vicinale,* en ceux-ci : *aux lignes vicinales.*

ART. 6.-Comme au projet.

ART. 7.-Comme au projet, pourvu qu'il soit entendu que la proposition de la commune ne lie pas le conseil d'arrondissement.

ART. 8.-*Proposé par le conseil municipal,* et définitivement arrêté par le conseil d'arrondissement, le s.-préfet entendu.

	de travail à exécuter sur les divers chemins.	
Art. 9. — La prestation sera acquittable en nature ou en argent, au gré du contribuable. Toutes les fois que, dans les délais prescrits, le contribuable n'aura pas opté ou qu'il n'aura pas exécuté sa tâche, la prestation sera de droit exigible en argent, et le prix en sera recouvré comme en matière de contributions directes.	Art. 9. — Changer seulement le mot tâche en prestation, au 2e paragraphe.	Art. 9.-Comme le propose la commission.
Art. 10. — Toute prestation non rachetée en argent ne sera employée que sur les chemins communaux.	Art. 10.—Changer : la prestation non rachetée en argent ne sera jamais employée hors du territoire de la commune.	Art. 10. — *Id.*
Art. 11. — Le rôle de prestations sera dressé par le maire en conseil municipal, et rendu exécutoire par le sous-préfet. Les réclamations seront jugées dans les mêmes délais et avec les mêmes forces qu'en matière de contributions directes. Les remises pour la confection et le recouvrement des rôles seront fixées par le préfet, sur l'avis du conseil-général.	Art. 11. — Conserver le premier paragraphe. Changer ainsi le second : « Les réclamations seront présentées dans le délai d'un mois, à dater de la publication du rôle, et jugées avec les mêmes formes qu'en matière de contributions directes.	Art. 11. — *Id.*
Section II. — *Centimes communaux.*		
Art. 12. — Les cinq centimes spéciaux des communes seront applicables, savoir : trois centimes au moins aux chemins vicinaux, et deux centimes au plus aux chemins communaux. Le vote du conseil municipal, assisté des plus imposés, sera soumis à l'approbation du préfet, qui autorisera l'imposition.	Art. 12. — Supprimer au moins et au plus.	Art. 12.-Comme le propose la commission, mais ajouter au 1er paragraphe : *Sauf lorsqu'il s'agit de la construction du chemin ou de la chaussée d'un chemin vicinal, auquel cas les cinq centimes et la totalité des prestations d'une année au moins doivent être appliqués au chemin en voie d'exécution.*
Section III.—*Centimes départementaux.*		
Art. 13.—Les centimes spéciaux du département formeront un fonds commun,	Art. 13. — Comme au projet.	Art. 13.-Comme au projet.

exclusivement destiné à solder les frais d'administration des chemins vicinaux, et à fournir les subventions qui pourront leur être accordées.

Projet		
ART. 14. — La répartition du fonds commun départemental sera faite, sur la proposition du préfet, par le conseil-général, entre les arrondissemens, sans qu'il soit besoin de l'approbation du ministre. La sous-répartition entre les lignes vicinales sera faite, sur la proposition des sous-préfets, par le conseil d'arrondissement, sous l'approbation du préfet.	ART. 14. — Comme au projet, mais y ajouter pour dernier paragraphe : « le sous-préfet rendra tous les ans, au conseil d'arrondissement, le compte administratif des travaux entrepris ou exécutés sur les lignes vicinales de l'arrondt. »	ART. 14.-Comme le propose la commission.

SECTION IV. — *Ressources éventuelles.*

Projet		
ART. 15. — Les propriétés de l'état et de la couronne contribueront aux dépenses des chemins vicinaux et communaux, dans les mêmes proportions que les propriétés privées, et d'après un rôle spécial dressé par le préfet en conseil de préfecture.	ART. 15. — Comme au projet.	ART. 15.-Comme au projet.
ART. 16. — Toutes les fois qu'un chemin sera habituellement ou temporairement dégradé par des exploitations de mines, de carrières, forêts, ou de toute entreprise industrielle appartenant à des particuliers, à des établissemens publics, à la couronne ou à l'état, il pourra y avoir lieu à imposer des subventions particulières aux entrepreneurs et propriétaires. Ces subventions seront réglées par les conseils de préfecture, après des expertises contradictoires, et recouvrées comme en matière de contributions directes.	ART. 16. — Comme au projet.	ART. 16.-Comme au projet.
ART. 17. — Les amendes encourues par suite de condamnations relatives aux chemins vicinaux et communaux seront, les premières, réunies aux fonds affectés à chaque ligne vicinale, et les secondes, versées dans la caisse communale.	ART. 17. — Comme au projet.	ART. 17.-Comme au projet.

CHAPITRE III. — Administration.

Projet		
ART. 18. — Les chemins vicinaux sont placés sous l'autorité directe et la surveillance du préfet et du sous-préfet. Lorsque, dans les délais déterminés par le règlement prescrit en l'art. 26, une commune ne se sera pas mise en mesure de remplir les obligations qui lui auront été assignées pour l'établissement ou l'entretien de la ligne vicinale dont elle dépend, le préfet pourra l'imposer d'office en prestations et en centimes, dans la li-	ART. 18. — Comme au projet.	ART. 18.-Comme au projet, en changeant ces mots : *pour l'entretien des lignes vicinales dont elle dépend,* en ceux-ci : *l'entretien de la ligne vicinale de l'arrondissement dont elle dépend.*

mite du maximum autorisé par la présente loi.

Projet		
Art. 19. — Les chemins communaux sont placés sous la direction de l'autorité municipale. Toutefois le préfet, s'il reconnaît que l'état d'un chemin l'exige, pourra d'office prescrire et faire exécuter les travaux et imposer à la commune, dans les limites du maximum, les centimes et les prestations nécessaires pour subvenir à la dépense.	**Art. 19.** — Comme au projet.	**Art. 19.**-Comme au projet.
Art. 20. — L'état des impositions établies d'office, en vertu de deux articles précédens, sera tous les ans communiqué aux conseils d'arondissemens et au conseil-général.	**Art. 20.** — Comme au projet.	**Art. 20.**-Comme au projet.
Art. 21. — Le préfet, en conseil de préfecture, et sans qu'il soit besoin de recourir à l'autorité supérieure, autorise : 1° Les acquisitions à l'amiable, aliénations et échanges proposés par délibération des conseils municipaux, jusqu'à concurrence d'une somme de 3000 fr, et après une enquête de commodo et incommodo; 2° Les acquisitions par voie d'expropriation pour cause d'utilité publique, jusqu'à concurrence également d'une somme de 3000 fr; il est expressément dérogé, à cet effet, aux dispositions du premier paragraphe de l'art. 2, et du dernier paragraphe de l'art. 12 de la loi du 7 juillet 1833; 3° Tous les travaux d'ouverture, de rectification, d'élargissement ou d'amélioration de chemins dont le tracé aura été préalablement approuvé par l'administration supérieure, lorsqu'il s'agira de lignes vicinales; 4° Les extractions de matériaux à prendre sur des terrains appartenant à des particuliers, sauf le droit d'indemnité préalable, qui sera réglée conformément à l'article suivant. Les actes sujets à l'enregistrement ne seront assujétis qu'au droit fixe d'un franc.	**Art. 21.** — Comme au projet, avec ce retranchement au 3é paragraphe : « dont le tracé aura été préalablement approuvé par l'administration supérieure, lorsqu'il s'agira de ligne vicinale. »	**Art. 21.**-Comme le propose la commission, mais en modifiant ainsi le dernier paragraphe : *dont le tracé sera communiqué préalablement au conseil général par le préfet lorsqu'il s'agira de ligne vicinale.*
Art. 22. — Dans tous les cas où il y aura lieu à régler une indemnité, le jury spécial, par dérogation à la loi du 7 juillet 1833, ne sera composé que de quatre jurés, présidés par le juge de paix; ils seront tirés au sort, ainsi que deux jurés supplémentaires, en audience publique, par ce magistrat. L'administration a le droit d'exercer une récusation; le même droit appartient à la partie adverse. Le juge de paix sera assisté de son gref-	**Art. 22.** — Comme au projet.	**Art. 22.**-A remplacer par l'article suivant : *dans tous les cas où il y aura lieu à accorder une indemnité, elle sera réglée par le préfet en conseil de préfecture, sur la base des évaluations cadastra-*

fier, et autorisé à recevoir les acquiescemens des parties aux propositions de l'administration ; dans ce cas, son procès-verbal fera foi, et vaudra titre de propriété.

Art. 23. — Il sera créé dans chaque département des agens-voyers nommés et révocables par le préfet, qui déterminera leur nombre et la circonscription dans laquelle chacun d'eux exercera ses fonctions.

Leur traitement sera fixé par le conseil-général. Dans aucun cas, il ne leur sera accordé de remise proportionnelle.

Art. 24. — Les agens-voyers prêtent serment devant le tribunal civil de leur circonscription.

Ils sont chargés, sous les ordres du préfet et du sous-préfet, des attributions suivantes :

1o Ils dressent les devis et détails estimatifs ;

2o Font exécuter et reçoivent tous les travaux légalement prescrits ;

3o Donnent leur avis sur les tarifs de tâches prescrites par l'art. 9 de la présente loi ;

4o Sont consultés sur les alignemens et les autorisations de construire ou de réparer les bâtimens riverains des chemins vicinaux ;

5o Ils exercent, en ce qui concerne l'ouverture ou l'exploitation des carrières, l'ex-

---

Art. 23. — Modifié. « Il sera créé dans chaque département des agens-voyers nommés et révocables par le préfet, qui, sur l'avis du conseil-général, déterminera leur nombre, leur traitement et la circonscription dans laquelle chacun d'eux exercera ses fonctions.

« Dans aucun cas il ne leur sera accordé de remise proportionnelle. »

Art. 24. — Comme au projet.

---

les, et s'il s'agissait d'une propriété non cadastrée, sur un travail prescrit dans les mêmes formes par le préfet au directeur des contributions directes.

Art. 23.-Comme le propose la commission mais ajouter le § suivant entre les deux paragraphes :

Dans tous les cas il y aura un ingénieur-voyer par arrondis^{nt} nommé par le préfet et révocable seulement avec l'approbation du ministre (1).

Art. 24.-Comme au projet.

---

(1) Il importe que la loi se prononce sur l'existence des ingénieurs-voyers qui, à ce titre ou à tout autre, seraient chargés de diriger ces travaux (*voir* les considérations exprimées dans les pages 27 à 31).

traction ou la réunion des matériaux, tous les droits attribués par les lois aux agens de la grande voirie.

Art. 25.—Un réglement d'administration publique fixera les délais nécessaires à l'exécution des diverses mesures prescrites par la présente loi, et déterminera tout ce qui est relatif aux adjudications et à leurs formes, aux alignemens, aux autorisations de construire le long des chemins, aux plantations et à l'élagage, aux fossés et à leur curage, et à tous autres détails de surveillance et de conservation.

Art. 25. — (Cet article est ajouté.)

«Il pourra être établi d'après l'avis du conseil d'arrondissement, des cantonniers sur les chemins vicinaux. Leur traitement, fixé par le préfet sur l'avis même du conseil, sera imputé sur les ressources affectées à l'entretien de la ligne vicinale à laquelle ils sont attachés. Ces agens seront nommés par le sous-préfet et révocables par le préfet.

Ils sont placés sous la direction immédiate des agens-voyers. Ils prêteront serment entre les mains du juge de paix.

Art. 25 - *L'entretien des routes vicinales est à la charge des communes traversées par chaque ligne, en ce qui touche les matériaux, dans la proportion déterminée par le préfet en conseil de préfecture, et la main-d'œuvre par entreprise, ou par cantonniers rétribués est à la charge des fonds centralisés de l'arrondissement ou du département.*

A défaut de la fourniture prescrite des matériaux, aux époques déterminées par le réglement du préfet, il y est pourvu par l'entrepreneur ou les agens-voyers, sur mémoires, payables par les communes en retard et rendus exécutoires par le préfet.

Art. 26.—Lorsque le maire et le conseil municipal n'auront pas exécuté, dans les délais prescrits par le réglement général, les opérations administratives qui leur sont attribuées, il y sera pourvu d'office, par le préfet, aux frais de la commune.

Art. 26. — (Cet article remplace l'art. 25 du gouvernement.)

« Dans l'année qui suivra la promulgation de la présente loi, chaque préfet fera, pour en assurer l'exécution dans son département, un réglement qui, après avoir été communiqué au conseil-général et ap-

Art. 26.-Comme le propose la commission.

prouvé par le ministre de l'intérieur, sera exécuté comme réglement d'administration publique.

« Ce réglement fixera les délais nécessaires à l'exécution de chaque mesure, et statuera en même temps sur tout ce qui est relatif aux adjudications et à leurs formes, aux alignemens, aux autorisations de construire le long des chemins, aux plantations, à l'élagage, aux fossés et à leur curage, et à tous autres détails de surveillance et de conservation. »

Art. 27.—Les contraventions relatives à la police des chemins vicinaux ou communaux seront constatées par les maires, adjoints, agens-voyers, gendarmes, gardes-champêtres et forestiers, et par les cantonniers qui seront commissionnés à cet effet.

Les procès-verbaux, autres que ceux dressés par les maires et adjoints, seront affirmés dans les vingt-quatre heures, devant l'autorité municipale ou le juge de paix.

Tous procès-verbaux devront être enregistrés dans les trois jours, et feront foi jusqu'à preuve contraire.

Art. 27. — Comme l'art. 26 du projet.

Art. 27 - Comme l'art. 26, en ajoutant selon le réglement de voirie proposé par l'administon départementale.

Art. 28. — Le tribunal de simple police connaît, sauf appel, des anticipations, empiètemens, dégradations ou toutes autres entreprises sur les chemins vicinaux ou communaux, sur les arbres et les haies, sur les objets qui en dépendent, sur tous les matériaux destinés à leur entretien, et généralement de toutes les contraventions au réglement arrêté en vertu de l'art. 26 de la présente loi.

Il ordonne immédiatement les restitutions et les réparations, sous les réserves des questions de propriété et de servitudes, qui seront portées devant les tribunaux.

Néanmoins, en cas d'urgence, le sous-préfet pourra ordonner les mesures provisoires qu'il jugera nécessaires pour rétablir

Art. 28. — Comme l'art. 27 du projet, sauf le premier paragraphe qui est ainsi changé :

« Les contraventions relatives à la police des chemins vicinaux des communes seront constatées par les maires, adjoints, agens-voyers, cantonniers, gendarmes, gardes-champêtres et forestiers. »

Art. 28.-Comme le propose la commission.

ou maintenir les communications indispensables. Si les limites d'un chemin sont contestées, le préfet les déclarera par un arrêt spécial qui précédera le jugement. Les réparations ordonnées par le tribunal de police seront faites, à la diligence du maire, aux frais du contrevenant, et la dépense en sera recouvrée de la même manière que les amendes de police. Art. 29.—Lorsque l'une des portions de terrain dévolues à un chemin sera reconnue appartenir à l'un des propriétaires riverains, le droit de propriété se résoudra en une indemnité qui sera réglée comme il est dit à l'art. 22 de la présente loi.	Art. 29. — Comme à l'art. 28 du projet, avec cette modification à la fin du 1er paragraphe : « Toutes contraventions commises sur lesdits chemins, contrairement au réglement arrêté en vertu de l'art. 26 de la présente loi. »	Art. 29.-Comme le propose la commission.
Art. 30.—Toute contravention sera punie d'une amende de 1 fr. à 50 fr., indépendamment des restitutions et réparations qui pourront être ordonnées lorsqu'il y aura lieu. En cas de récidive, l'amende sera doublée, et il pourra y avoir lieu, en outre, à l'application de l'art. 482 du code pénal.	Art. 30. — Comme au projet, art. 29.	Art. 30.-Comme au projet.
Art. 31. — Les actions civiles intentées par les communes, ou dirigées contre elles, par suite de la présente loi, seront jugées comme affaires sommaires et urgentes.	Art. 31. — Mettre 15 fr. au lieu de 50 fr. dans le 1er paragraphe. Au 2e paragraphe : « En cas de récidive, l'amende sera doublée, sans pouvoir toutefois dépasser le maximum ; et il pourra y avoir lieu, en outre, à l'application de l'art. 483 du code pénal. »	Art. 31.-Comme l'art. 30 du gouvernement.
Art. 32.—La loi du 28 juillet 1824, et toutes dispositions contraires à la présente loi, sont et demeurent abrogées.	Art. 32 et 33, comme les art. 31 et 32 du projet.	Art. 32 et 33. - Comme au projet.

SITUATION RÉCAPITULATIVE

DES

TRAVAUX DE GRANDE VICINALITÉ

EXÉCUTÉS DANS LA CHARENTE AU 1er JUILLET 1835 (1).

ARRONDISSEMENS.	NOMBRE de mètres linéaires de routes ouvertes.	NOMBRE DE MÈTRES CUBES DE TERRASSEMENS FAITS				NOMBRE DE MÈTRES LINÉ de ROUTES CONFECTIONNÉ		
		antérieurement.	pendant le mois.	Total.	sur les parties ouvertes et non terminées.	antérieurement et en chaussées. neuves.	réparées.	pendant le mois et en chaussées. neuves.
Angoulême	73676 »	170949 02	19412 34	190361 96	35928 80	52753 »	» »	6070 »
Barbezieux	40371 »	135797 95	8920 »	144717 95	63968 44	26749 »	» »	3561 »
Cognac	33153 »	62480 05	2505 10	64985 15	5000 »	23518 »	650 »	4744 »
Confolens	45161 »	227888 61	15229 »	243117 61	29480 »	29328 »	2330 »	3715 »
Ruffec	45064 »	24919 11	9534 35	34453 46	8964 02	47822 »	283 »	614 »
Totaux	237425 »	621705 34	55630 79	677336 13	143640 93	150170 »	3263 »	18704 »

ARRONDISSEMENS.	AIRES es Total.	NOMBRE de mètres linéaires de fossés.	MONTANT DES TRAVAUX FAITS ET DÉTAILLÉS AUX ÉTATS DE CHAQUE MOIS, TELS QU'ILS ONT ÉTÉ FAITS					MONTANT des travaux portés dans la 5e colonne	NOMBRE de mètres linéaires de chaussées terminées sur chaque communication.	PRIX MOYENS par communication du mètre linéaire terminé	
			par les communes. en argent voté, rachat de prestations et souscriptions	en prestations en nature.	Total.	sur les fonds départementaux.	Total de la dépense. par commune.			Sur les fonds départementaux.	Sur la réunion des fonds dép. et communaux.
Angoulême	58823 »	24745 »	3661 64	19760 79	23422 43	177528 58	200951 01	18259 40	58823 »	2 70	3 10
Barbezieux	30310 »	27578 »	3950 »	21561 61	25511 61	99922 89	125434 30	27215 76	30310 »	2 39	3 23
Cognac	28912 »	9648 »	4930 »	3912 60	8842 60	101841 52	110684 12	2280 »	28912 »	3 44	3 75
Confolens	35373 »	18240 »	16735 05	15368 61	32123 66	181623 11	213746 77	19471 95	35373 »	3 00	4 50
Ruffec	48749 »	4544 »	783 38	8040 96	8824 34	36067 32	44891 66	5335 32	48749 »	1 64	2 11
Totaux	172137 »	84765 »	30080 07	68644 57	98724 64	596983 42	695708 06	72562 43	172137 »	2 82	3 39

(1) Cette situation est établie tous les deux mois, par commune et par communication, comme elle est ici par arrondissement.

TABLE ET SOMMAIRES.

PREMIÈRE PARTIE.

CONSIDÉRATIONS PRÉLIMINAIRES ET FAITS ANTÉRIEURS.

Plan de cet exposé. — État des choses en 1831. — Loi du 6 novembre servant à un premier essai. — Approbation et premiers secours du conseil - général. — Système proposé. — L'expérience qui en est faite devra profiter à tout le royaume. — Instructions, réglemens, tarifs publiés en 1832 et années suivantes, formant la quatrième partie de cette publication....... pag. 1 et suivantes.

DEUXIÈME PARTIE.

TRAVAIL SOUMIS A LA COMMISSION DE LA CHAMBRE DES DÉPUTÉS EN FÉVRIER 1834. — FAITS ACCOMPLIS A CETTE ÉPOQUE. — UN PROJET DE LOI AVEC SON EXPOSÉ DES MOTIFS.

Vues générales sur les communications. —Ordre des travaux. — Situation de ces travaux au 31 décembre 1833. — Proportion à cette époque des mètres linéaires de chaussées exécutés, avec les mètres linéaires de routes seulement ouvertes, et des mètres cubes de terrassemens. —Moyenne des prix pour tout le département. —Cession gratuite des terrains. — Première proposition d'une emprunt au conseil-général, fondée sur les résultats obtenus. — Répression et extinction de la mendicité à l'aide des travaux entrepris. — Effets des efforts combinés des particuliers, de la commune, et du département. — Coût des travaux dans chaque arrondissement. — Leur portée, et ce qu'ils peuvent produire en cinq années relativement au nombre de communes et à la surface du département. — Premier aperçu de l'application du même système à toute la France. — Projet de loi puisé, à cet effet, dans les faits accomplis. — La division ou le classement, l'enquête, l'exécution, l'entretien, le contentieux formant les cinq sections principales dudit projet. — (*Nota.* Le dernier projet du gouvernement a presque entièrement consacré les dispositions de celui proposé en en adoptant le principe.) — Examen des questions résolues par le projet proposé, savoir : le classement, les dimensions, l'indemnité, l'impôt communal, arrondissemental, départemental, les prestations en nature, l'entretien, la juridiction, les agents d'exécution, ingénieurs-voyers, gardes-voyers, etc... — Examen particulier de la question relative à l'intervention des ingénieurs des ponts et chaussées.......... pag. 44 et suivantes.

TROISIÈME PARTIE.

EXTRAIT DU RAPPORT DU PRÉFET AU CONSEIL-GÉNÉRAL DE LA CHARENTE, DANS SA SESSION DE 1835.

Système général des voies de communication à cette époque. — Navigation, routes royales, routes départementales servant de base au système de vicinalité. — Comment les routes départementales se lient aux routes royales et en étendent l'action et l'influence. — Comment les grandes voies de vicinalité produisent le même effet quant aux routes départementales. — Travaux exécutés dans la Charente depuis 1834 sur les routes royales, départementales et de grande vicinalité. — Modifications et améliorations successives dans les travaux de grande vicinalité. — Situation de ces travaux au premier juillet 1835. — Accroissement des terrassemens, adoucissement des pentes, confection des fossés, et augmentation de dépense qui en résulte. — Répartition des voies et moyens entre les divers arrondissemens. — Proportion prescrite et celle qui s'est naturellement réalisée entre eux. — Aperçu de la situation financière du département. — Répartition des ressources disponibles. — Moyens en réserve pour assurer l'achèvement des travaux en 1836 et 1837 sur les quarante-deux routes de grande vicinalité définitivement adoptées par le conseil-général. — Economie réalisée sur le service des enfans trouvés et qui équivaut à elle seule au capital de l'emprunt. — Fonds spécial destiné à encourager l'exécution des chemins d'embranchemens communaux. — Dernier projet de loi du gouvernement. — Il doit être adopté. — Citation de l'exposé de M. le Ministre de l'intérieur on ne peut plus explicite sur l'excellent principe de la loi. — Quelques modifications proposées et adoptées par le conseil-général de la Charente............ pag. 54 et suivantes.

CONCLUSION.

Résumé des faits et considérations résultant des exposés qui précèdent. — Utilité de l'expérience faite, soit pour l'élaboration de la loi, soit pour son exécution quand elle aura été promulguée. — Mesures arrêtées pour l'achèvement du plan suivi dans la Charente.—Terrassement et ouverture en 1836 de tout le parcours des quarante-deux routes sur lequel les chaussées ne sont pas encore terminées. —Empierrement en 1837.—Améliorations et abus que cette entreprise a permis de tenter ou de détruire. — Situation générale de l'administration recueillie dans le premier procès-verbal de la dernière session du conseil-général de la Charente, p. 102 et suivantes.

POST-SCRIPTUM du 20 décembre 1835.

Inspection générale des travaux en novembre et décembre derniers. —Leur progrès.—Exécution des dernières mesures administratives. —L'entreprise est au trois cinquièmes achevée.—Son accomplissement n'est plus douteux. — Commencement des voies d'embranchement.—Effets sensibles du degré de vicinalisation où est déjà parvenu le département. — Ce que produirait un chemin de fer de Paris à Bordeaux, dans son parcours à travers le département. — Signes de progrès et de prospérité qui peuvent être, en partie, attribués dans la Charente à l'état actuel de ses voies de communications................................ pag. 112 et suivantes.

QUATRIÈME PARTIE.

INSTRUCTIONS. — ARRÊTÉS. — TARIFS. — RÉGLEMENS. — SITUATIONS. — DERNIER PROJET DE LOI DU GOUVERNEMENT.

28 novembre 1831.—Première lettre aux inspecteurs-voyers pour s'enquérir de l'état des communications vicinales et en demander le classement selon leur importance ; premier aperçu du plan qu'on se propose pour la vicinalisation du département. — Commission arrondissementale à laquelle l'inspecteur-voyer devra soumettre un rapport sur l'ordre et l'importance des travaux à entreprendre, pag. 129.

quer les conditions qu'ils ont à remplir pour participer à l'allocation du conseil-général en faveur des chemins d'embranchement. pag. 184.

Modèle des procès-verbaux de réception des travaux......... pag. 186.

Projet de loi présenté par le gouvernement, amendé par la commission de la chambre des députés, et quelques modifications proposées par le préfet et le conseil-général de la Charente........... pag. 187.

Situation récapitulative et bimensuelle des travaux de grande vicinalité, établie par arrondissement, telle qu'elle l'est par route et par commune, et présentant en un seul tableau la comptabilité en travaux, en fonds départementaux, en prestations et souscriptions des communes et des particuliers.................... pag. 196 et 197.

Situation de quinzaine pour les travaux de terrassemens et ouvertures de routes.

Carnet du calcul des terrasses et application du tarif.

Ces deux derniers documens, autographiés, terminent l'ouvrage.

FIN DE LA TABLE ET DES SOMMAIRES.

Carnet des Calculs des terrasses et des applications du tarif par routes et par Commune.

Numéro des profils.	Désignation des Figures.	Dimension		Surfaces				Longueur entre les profils.	Cubes		Distribution des Déblais en remblais.	Déblais employés en remblais transportés.											Observations sur la nature des Terrasses.
		Longueur	Largeur	Partielles	par profils.	Totales	Moyennes		En Déblai.	En remblai.		Objet déposé	De 0 à 60.	De 60 à 90.	De 90 à 120.	De 120 à 150.	De 150 à 180.	De 180 à 210.	De 210 à 240.	De 240 à 270.	De 270 à 300.	Au Dessus de 300.	

Application du tarif

Nature du terrain.	Nombre de mètre cubes.	Prix du mètre cube du terrassemens, compris la pierre qui doit profiler aux chaussées.	Montant des terrassemens.	Distance moyenne du transport.	Prix du transport.	Dépense totale.
Terre ordinaire —						
Pierre monteuse —						
Roc au pic —						
Roc à la pince —						
Roc à la poudre —						

Les mètres cubes de pierre provenant des terrassemens ci-dessus et qui doivent profiter aux chaussées, s'élèvent à

N°. des profils.	Désignation des Figures.	Dimension		Surfaces				Longueurs entre les profils.	Cubes		Distribution de déblais en remblais.	Déblais employés en remblais transportés.											Observations sur la nature des Terrasses.
		Longueur.	Largeur.	partielles.	par profils.	Totales.	Moyennes.		en déblais.	en remblais.		Au jet de pelle.	de 30 à 60.	de 60 à 90.	de 90 à 120.	de 120 à 150.	de 150 à 180.	de 180 à 210.	de 210 à 240.	de 240 à 270.	de 270 à 300.	au dessus de 300.	

Application du tarif.

Nature du terrain.	Nombre de mètres cubes.	Prix du mètre cube de terrassemens compris la pierre qui doit profiler aux chaussées.	Montant des terrassemens.	Distance moyenne du transport.	Prix du transport.	Dépense totale.
Terre ordinaire						
Roche mentaise						
Roc au pic						
Roc à la pince						
Roc à la poudre						

Les métrés cubes de pierre provenant des terrassemens ci-dessus et qui doivent profiler aux chaussées, s'élèvent à

Situation de quinzaine des travaux d'ouverture et de terrassemens à partir du 1.er Novembre 1835.

du   au   183

(Nota. Dans les chiffres donnés à remplir les colonnes de ce tableau seront tous les jours & constamment à la connaissance de MM. les Commissaires voyers, rien ne pourra s'opposer à la parfaite exactitude avec laquelle ces situations devront m'être remises le lendemain de chaque quinzaine. Le chiffre des colonnes 6 & 8 pourront être approximatif, mais il ne devra dans aucun cas empêcher la remise de situation.)

Notes de la colonne de gauche :

aux de grande vicinalité sur les ... adoptées par le Conseil Général ...

... des articles 10 & 11 de l'arrêté ... supplémentaire du 1.er Xbre 1835.

... administratif N.º 766.

1. Invariable
2. id.
3. Doit porter le métré total de la route ouverte & terrassée avec ou sans chaussée, y compris le résultat de la dernière situation de 15 j.rs, s'il aurait été reconnu & arrêté dans l'intervalle d'une situation à l'autre.
4. C'est l'assiette de la route définitivement arrêtée & jalonnée.
5. Le nombre de mètres courans sur lesquels le calcul s'est trouvé s'faire.
6. Le nombre de mètres courans sur lesquels les terrassemens ont été faits durant la quinzaine.
7. S'explique d'elle même.
8. Le nombre des terrassiers employés par l'Entrepreneur de telle sorte que ce nombre multiplié par les jours ouvrables de la 15.ne représente les journées de travail qui ont été comptées.
9. Le nombre de mètres courans qui n'ont pas encore été vigoureusement ou définitivement cédés à la route.
10. Communes sur lesquelles se trouvent les mètres courans exprimés dans la colonne précédente.
11. Observations Générales et particulièrement le nom des propriétaires qui refusent leur terrain.

Routes	Parcours total.	mètres cour.ts d'ouverture d'après la dernière situation	mètres courans tracés & jalonés dans la quinzaine.	mètres courans nivelés dans la quinzaine.	mètres courans terrassés dans la quinzaine.	Nombre de chaussées.	Terrassiers employés.	mètres courans nouveaux cédés pour l'assiette du chemin	Communes sur lesquelles il y a refus de concession.	Observations
1	2	3	4	5	6	7	8	9	10	
de Brignac au Bas de Fontaine										
d'Angoulême à Nontron										
de Larochefoucauld à l'arbre de Massignac										
de Rouillé au Moulin Tournaux										
d'Angoulême à Montbron avec prolong.t sur Piégu										
de St Cybardeaux à Chasseneuil										
d'Angoulême à Aigre										
de Lavalette à Châteauneuf										
Totaux										

Vu par nous sous Préfet de l'arrondissement

Procès verbal de Réception des travaux exécutés sur le chemin communal de
à   faisant partie de la route de grande vicinalité
de   à   partie comprise sur le
territoire de la Commune d

——— · ———

Aujourd'hui

Mil huit cent trente   Nous
Commissaire Voyer de l'arrondissement d
nous étant réunis à Monsieur   Maire de
la Commune d   et Monsieur
Membre du Conseil Général de Département,
conformément à l'arrêté de Mr le Préfet du 18 août 1835,
pour procéder à la réception des travaux exécutés par
l'Entrepreneur Philippon jusqu'au   de l'année courante,
sur le chemin communal de   à
et de   à   faisant partie de la
Route de grande Vicinalité de   à
Nous avons reconnu;

1° que   Mètres de chaussées de
à

doivent être et sont définitivement reçus comme étant
exécutés selon toutes les conditions prescrites à l'entrepreneur par les
Instructions, ou comme étant aussi solidement confectionnés, ou
la Nature du sol, que le prescrivent ces mêmes Instructions;

2° que sur   Mètres de chaussées de
à   l'Entrepreneur devra

pour compléter les travaux dont il lui a été tenu compte,
et pour remplir toutes les obligations à lui imposées;

3° que   Mètres terminés compris
de   à   qui ont été livrés à la
circulation, seront mis en état par la voie d'entretien, de la manière
indiquée dans l'arrêté Préfectoral du   Septembre 1833, avant leur
réception définitive.

Fait à   le

www.ingramcontent.com/pod-product-compliance
Ingram Content Group UK Ltd.
Pitfield, Milton Keynes, MK11 3LW, UK
UKHW022334090726
13658UKWH00001B/269